改革开放40年我国教育信息化发展研究

刘晓洪　郎永祥　张艳　著

北京
冶金工业出版社
2019

内 容 提 要

本书以时间为序，对我国教育信息化各阶段发展历程进行研究。根据国家教育信息化相关政策文件（规划、意见、通知、纪要、决定、办法等）的演进，对包括教育信息化起步阶段（1978~2000 年）、迅速发展阶段（2001~2010 年）、全面推进应用阶段（2011~2017 年）在内的 1.0 阶段和包括教育信息化融合创新阶段（2018 年至今）在内的 2.0 阶段两个主要阶段，分别从发展状况、政策演进、主要特点、主要影响、主要成果、主要技术和主要应用等方面进行探讨，比较全面系统地展示了我国教育信息化从 1.0 阶段到 2.0 阶段的发展状况。

本书既可作为教育信息化科普读物，也可作为其他教育信息化研究者的参考书籍。

图书在版编目(CIP)数据

改革开放 40 年我国教育信息化发展研究／刘晓洪，郎永祥，张艳著．—北京：冶金工业出版社，2019.11

ISBN 978-7-5024-8407-1

Ⅰ.①改…　Ⅱ.①刘…　②郎…　③张…　Ⅲ.①教育工作—信息化—研究—中国　Ⅳ.①G43

中国版本图书馆 CIP 数据核字(2020)第 027543 号

出 版 人　陈玉千

地　　址　北京市东城区嵩祝院北巷 39 号　邮编　100009　电话　(010)64027926

网　　址　www.cnmip.com.cn　电子信箱　yjcbs@cnmip.com.cn

责任编辑　夏小雪　美术编辑　吕欣童　版式设计　孙跃红

责任校对　郑　娟　责任印制　李玉山

ISBN 978-7-5024-8407-1

冶金工业出版社出版发行；各地新华书店经销；三河市双峰印刷装订有限公司印刷

2019 年 11 月第 1 版，2019 年 11 月第 1 次印刷

148mm×210mm；3.375 印张；82 千字；98 页

39.00 元

冶金工业出版社　投稿电话　(010)64027932　投稿信箱　tougao@cnmip.com.cn

冶金工业出版社营销中心　电话　(010)64044283　传真　(010)64027893

冶金工业出版社天猫旗舰店　yjgycbs.tmall.com

（本书如有印装质量问题，本社营销中心负责退换）

前　言

1978年8月，中央电化教育馆正式成立，标志着我国教育信息化迈出了第一步。改革开放40年，我国各方面都取得了举世瞩目的成绩。回顾40年来我国教育信息化发展历程，从萌芽起步、迅速发展到全面应用、融合创新，各个阶段都取得了巨大成就，展现了我国教育信息化同国家改革开放同步发展的辉煌成绩。40年的艰苦发展，为我国教育信息化建设与应用积累了丰富经验，我国的教育信息化从无到有，从弱变强，逐步实现从"跟跑"转向"并跑"甚至"领跑"，为世界提供教育信息化中国方案。

目前，系统研究我国教育信息化发展的资料较少，本书对于科普我国教育信息化发展历程、提高人们对教育信息化的认识、提升人们信息化素养等方面具有一定的现实意义，对于研究我国教育信息化发展历史也具有一定的参考价值。

本书由重庆城市管理职业学院长期从事教育信息化教育教学的刘晓洪、郎永祥、张艳撰写，在撰写过程中，得到了学校很多同仁的大力支持与帮助，在此向他们表示衷心地感谢。本书也得到了重庆城市管理职业学院科研创新团队（大数据分析与应用科研创新团队KYTD 201709）的资金资助。

由于作者水平有限，书中难免存在疏漏和不足之处，敬请各位专家和读者予以批评指正。

作　者

2019年9月

目　录

1　绪论 …… 1

1.1　教育信息化溯源 …… 1

1.2　教育信息化概念 …… 2

1.3　教育信息化组成要素 …… 3

1.4　教育信息化目的 …… 4

1.5　教育信息化意义 …… 5

1.6　教育信息化发展阶段 …… 6

2　教育信息化1.0 …… 8

2.1　起步阶段 …… 9

2.1.1　起步阶段教育信息化发展状况 …… 9

2.1.2　起步阶段教育信息化政策演进 …… 10

2.1.3　起步阶段教育信息化主要特点 …… 14

2.1.4　起步阶段教育信息化主要影响 …… 16

2.1.5　起步阶段教育信息化主要成果 …… 17

2.1.6　起步阶段教育信息化主要技术 …… 17

2.1.7　起步阶段教育信息化主要应用 …… 18

2.2　迅速发展阶段 …… 18

2.2.1　发展阶段教育信息化发展状况 …… 18

2.2.2　发展阶段教育信息化政策演进 …… 20

2.2.3　发展阶段教育信息化主要特点 …… 31

2.2.4　发展阶段教育信息化主要影响 …… 33

2.2.5 发展阶段教育信息化主要成果 …… 34
2.2.6 发展阶段教育信息化主要技术 …… 37
2.2.7 发展阶段教育信息化主要应用 …… 39
2.3 全面应用阶段 …… 40
2.3.1 应用阶段教育信息化发展状况 …… 40
2.3.2 应用阶段教育信息化政策演进 …… 42
2.3.3 应用阶段教育信息化主要特点 …… 56
2.3.4 应用阶段教育信息化主要影响 …… 57
2.3.5 应用阶段教育信息化主要成果 …… 58
2.3.6 应用阶段教育信息化主要技术 …… 60
2.3.7 应用阶段教育信息化主要应用 …… 61

3 教育信息化2.0 …… 62

3.1 教育信息化2.0阶段发展状况 …… 62
3.2 教育信息化2.0阶段政策演进 …… 63
3.3 教育信息化2.0阶段主要特点 …… 67
3.3.1 教育信息化全面融合与创新 …… 67
3.3.2 教育专用资源开发应用向教育大资源开发应用转变 …… 67
3.3.3 教育信息化逐渐走向教育智能化 …… 67
3.4 教育信息化2.0阶段主要影响 …… 68
3.4.1 促进教育改革发展 …… 68
3.4.2 促进教育资源观转变 …… 68
3.4.3 促进教育治理水平转变 …… 68
3.5 教育信息化2.0阶段主要成果 …… 69
3.5.1 对教育信息化地位和作用的全新定位 …… 69
3.5.2 加速推进智慧校园建设,开启教育智能新时代 …… 69

3.6　教育信息化2.0阶段主要技术 …… 69
3.7　教育信息化2.0阶段主要应用 …… 70
3.7.1　大数据技术应用 …… 70
3.7.2　虚拟化技术应用 …… 71
3.7.3　云计算技术应用 …… 71
3.7.4　虚拟仿真技术应用 …… 72

4　教育信息化发展未来展望 …… 73

4.1　我国教育信息化从“跟跑”转向“并跑”甚至“领跑” …… 73
4.2　智慧教育推进教育资源均衡化发展 …… 74
4.3　智慧教育促进教育体制改革创新 …… 74

参考文献 …… 76

附表　教育信息化相关政策文件一览表 …… 82

1 绪　论

1.1 教育信息化溯源

早在20世纪60年代，“信息化”一词便在日本的一些学术文献中出现。当时的“信息化”跟现在的“信息化”一词存在一定区别，主要限于产业角度的描述与界定。到了20世纪70年代，联合国教科文组织和欧洲的一些国家，如德国，制定了相关信息技术在社会中的应用与发展规划。在这些规划中，把信息基础设施建设作为重要的一环。美国在1993年9月正式提出“国家信息基础设施”计划（俗称“信息高速公路”计划），该计划主要致力于推动互联网技术和IT技术在社会各领域、各方面的广泛应用，许多发展中国家、发达国家受美国影响，也纷纷制定了相关国家信息基础设施建设规划，从而掀起全球信息化建设热潮[1]。

“教育信息化”概念主要是随着美国的“信息高速公路”计划建设而提出的，美国在“信息高速公路”计划中把IT技术引入教育，并把IT技术在教育领域中的应用作为21世纪实施教育改革的重要途径，美国的这一做法得到了许多国家的响应，各国相继制定了推进本国IT技术在教育中应用的计划[1]。随着网络技术的快速发展与迅速普及，社会发展与人们的生活都与网络和信息技术息息相关，我国自20世纪90年代末开始提出“社会信息化”，在教育领域，“教育信息化”也开始出现，政府的文件中也开始正式使用“教育信息化”这一概念[1]。1999 年 6 月，中共中央、国务院发布了《关于深化教育改革全面推进素质教育的决定》，其中第 15 条指出：“大力提高教育技术手段的现代化水平和教育信息化程度。”这可能是“教育信息化”在官方文件中的最早出处。

1.2 教育信息化概念

虽然教育信息化这一概念在我国已被广泛使用，但目前并无明确的定义，专家学者众说纷纭，具有代表性的观点有以下几种：

上海师范大学黎加厚教授认为：“教育信息化是以现代信息技术为基础的新教育体系，包括教育观念、教育组织、教育内容、教育模式、教育技术、教育评价、教育环境等一系列的改革和变化。教育信息化并不简单地等同于计算机化或网络化，而是一个关系到整个教育改革和教育现代化的系统工程。”

华南师范大学教授李克东认为：“教育信息化是指在教育与教学领域的各个方面，在先进的教育思想指导下，积极应用信息技术，深入开发、广泛利用信息资源，培养适应信息社会要求的创新人才，加速实现教育现代化的系统工程。”

华东师范大学教授祝智庭认为：“教育信息化是指在教育过程中比较全面地运用以计算机多媒体和网络通信为基础的现代化信息技术，促进教育系统的全面改革，使之适应于正在到来的信息化社会对于教育发展的新要求。”

北京师范大学教授黄荣怀认为：“教育信息化是指在教育领域中全面深入地运用现代信息技术来促进教育改革与教育发展的过程。”

华中师范大学教授傅德荣认为：“教育信息化是将信息作为教育系统中的一种基本要素并在教育中广泛使用信息技术的活动总称。”

西北师范大学教授南国农认为：“所谓教育信息化，是指在教育中普遍运用现代信息技术，开发教育资源，优化教育过程，以培养和提高学生的信息素养，促进教育现代化的过程。”

作者认为，教育信息化是指在教育教学过程中，应用一切可用的信息化设备、信息化技术来为教育服务的过程，促进教育教学改革，提升教育教学质量，提高师生信息化素养，让教育适应信息化社会发展的需要。

1.3 教育信息化组成要素

教育信息化组成要素一般包含教育信息化环境、教育信息化资源、教育信息化技术、教育信息化应用、教育信息化人才和教育信息化保障体系。

(1) 教育信息化环境。教育信息化环境是基础，主要包括网络基础设施、计算机软硬件设备、信息化运行环境、计算资源设施、存储基础设施、信息化教育教学基础设施等。

(2) 教育信息化资源。在教育信息化建设过程中，信息化资源建设与应用是重点、是核心，也是取得实效的关键。主要包括用于教育教学的各种管理信息系统、数据分析平台、在线学习平台以及通过网络可获取的一切数字资源。

(3) 教育信息化技术。教育信息化技术是推动力，主要包括计算机多媒体技术、信息系统开发技术、移动互联网技术、课程资源开发技术、大数据技术、物联网技术、虚拟化技术、云技术、人工智能技术等。

(4) 教育信息化应用。我们进行信息化建设的目的是为了应用，主要包括各层次管理应用、教育教学应用、科学研究应用、服务应用、日常办公应用等。

(5) 教育信息化人才。教育信息化人才是关键，主要包括管理层人才和应用层人才。管理层人才主要是对教育信息化作规划，为信息化实施提供战略决策；应用层人才是具体实施信息化项目的计算机、互联网等方面的专业人才，也包括学校信息化建设与应用相关人才。

（6）教育信息化保障体系。教育信息化保障体系主要包括信息化政策、信息化法规和信息化标准，它是教育信息化建设的基本依据和顺利实施的基本保障。

1.4 教育信息化目的

当今世界各国竞争十分激烈，各国之间的竞争主要是围绕以经济和科技实力为基础的综合国力的较量。然而，一个国家的经济和科技实力主要取决于该国的人才数量和质量，而教育的目的就是培养人才。在教育领域，信息技术、信息资源的广泛应用，极大地丰富和优化了教育教学过程，降低了教育成本、提高了教育质量，有力地推动了教育的改革和发展，有效地培养了适应信息社会需求的创新人才。

随着信息社会的快速发展，教育也要与信息社会的发展相适应，信息社会的发展对人才的要求更高，主要体现在：一是信息社会所需的人才不但要掌握牢固的文化基础和专业知识，还要掌握信息技术方面的文化知识；二是要具备自学能力，具有能根据所处环境不断自我更新知识结构的能力；三是要有与人协同合作的精神；四是要有适应信息社会日新月异快速发展的能力，具有信息获取、信息分析和信息加工处理的能力；五是富有创造性和应变能力，成为具有高尚道德品质的一代人。

教育信息化的目的可以概括为六个方面：一是促进信息技术在教育中的广泛应用；二是推动教育教学改革发展；三是培养信息社会所需人才；四是以教育信息化促进教育现代化[1]；五是以教育信息化促进不同地区教育资源平衡；六是以教育信息化为基础构建终

身学习体系。

1.5 教育信息化意义

当今社会，我们已经迈入了知识爆炸的信息化时代，信息技术在各行各业中广泛应用，信息技术在教育行业中的发展与应用也发生了翻天覆地的变化，从最初的电脑+投影设备的多媒体教室到如今在线学习、互动课堂、虚拟仿真、智慧教室等，信息技术在教育领域引发了教学模式与学习模式的深刻变革，教育信息化也必将对我国教育的发展产生深远的影响。教育信息化的主要意义包括：

（1）有利于促进教育现代化发展进程。教育信息化是教育现代化的重要组成部分，我国的教育现代化离不开教育信息化，如果没有教育的信息化，就不能实现教育的现代化。教育信息化是催化剂，可以加速教育现代化发展进程。

（2）有利于促进教育教学改革。在信息化时代的新形势下，教育教学环境发生了翻天覆地的变化。应用现代教育信息技术构建多功能教育教学环境，如交互式电子白板、智慧课堂、智慧教室、虚拟现实技术等，将彻底改变教师的教学形式和学生的学习形式，长期以教师为主体地位的教学模式将被打破，以教师为主导、学生为主体的创造性、开放性教育教学模式和学生自主主动的学习模式更适应现代信息化教育环境[2]，教育信息化是加快教育教学变革的强大推动力。

（3）有利于促进新时代复合型人才的培养。教育信息化为我国的素质教育、创新教育提供了环境、创造了条件，学生可利用计算机网络等教育信息化手段，实现信息检索、信息收集、信息处理、信息创造，实现知识的探索、学习和发现[3]，这对新时代复合型人才的培养具有重要的意义。

（4）有利于促进教育信息产业的发展。随着教育信息化的发展，信息管理系统、在线学习平台、智慧课堂、智慧教室、虚拟现实技术、云计算、大数据、人工智能等现代信息技术在教育领域快速发展、广泛应用，极大地推动了教育信息产业的发展，也促进了国民经济的发展。

（5）有利于促进区域教育资源的平衡。利用现代信息技术，大量的微课程视频、在线学习平台、智慧教室远程授课等使学生的学习不再受时空限制，可随时随地在线视频学习；教师也可改善教学方法，进行课堂翻转，可在线与学生进行互动，给学生进行在线辅导，加强对学生的学习进度及学习过程的监控，实行线上线下相结合的教学模式[2]。因此，通过教育信息技术手段，教育资源共享成为现实，这也将打破教育资源不平衡的现状。

（6）有利于促进新时代教育理论的发展。教育信息化是我国教育领域的一场重大变革，在此过程中，会出现许多新问题等待我们去解决。我们对新问题的认识、提出的解决方案、具体的应用实施以及对应用效果的检验等，这一系列过程将有效地推动教育理论的发展。

1.6 教育信息化发展阶段

我国的教育信息化是伴随着改革开放开始的。通过对我国教育信息化政策发展历史变化轨迹的研究，我国的教育信息化主要经历了四个发展阶段：起步阶段（1978～2000 年）、迅速发展阶段（2001～2010 年）、全面推进应用阶段（2011～2017 年）和融合创新阶段（2018 年至今），每一个阶段之间并没有严格的时间节点。通常我们把起步阶段、发展阶段、应用阶段统称为教育信息化 1.0 阶段，1.0 时期教育信息化的基本工作方针是应用驱动；将融合创新阶段称为教育信息化 2.0 阶段，2.0 时期创新是其主要特点。

本书主要对教育信息化起步、发展、应用和融合创新四个发展阶段的发展状况、政策演进、主要特点、主要影响、主要成果、主要技术和主要应用几方面进行分析研究，并展望我国教育信息化发展未来。

2 教育信息化 1.0

2005 年，联合国教科文组织将教育信息化划分为四个阶段，分别是起步阶段、应用阶段、融合阶段和创新阶段。我国的教育信息化也经历了四个发展阶段：起步阶段（1978~2000 年）、迅速发展阶段（2001~2010 年）、全面推进应用阶段（2011~2017 年）和融合创新阶段（2018 年至今）。在我国，一般把起步阶段、发展阶段、应用阶段统称为教育信息化 1.0 阶段，融合创新阶段称为教育信息化 2.0 阶段。

联合国教科文组织教育信息化发展的四个阶段与我国教育信息化 1.0 和 2.0 对照关系如图 2-1 所示。

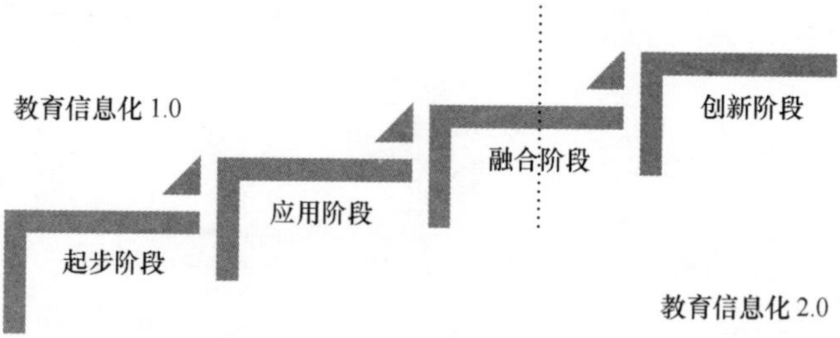

图 2-1　教育信息化发展阶段

从图 2-1 可以看出，融合阶段跨越了教育信息化 1.0 和教育信息化 2.0 两个阶段，起承上启下的作用。

2.1 起步阶段

我国教育信息化起步阶段经历了一个相当漫长的历程，可追溯到20世纪70年代，起步阶段的具体开始时间没有确定说法，有人认为从1989年开始到2000年左右，作者认为应该从1978年开始一直持续到2000年左右。

2.1.1 起步阶段教育信息化发展状况

早在20世纪30年代，我国就曾出现“电化教育”一词，当时主要指应用幻灯、电影和广播的方式进行教育传播，“电化教育”一直使用到1993年才更名为“教育技术”。在早期的电化教育中，计算机、网络等技术还未进入人们的视野。

随着网络技术的快速发展与迅速普及，社会发展与人们的生活都与网络和信息技术息息相关，我国自20世纪90年代末开始提出“社会信息化”，在教育领域，“教育信息化”也开始出现。1999年6月，中共中央、国务院发布了《关于深化教育改革全面推进素质教育的决定》，其中第15条指出：“大力提高教育技术手段的现代化水平和教育信息化程度”。这可能是我国官方文件中最早出现的“教育信息化”一词。

教育信息化是伴随着网络技术的发展而快速发展起来的。我国的网络技术发展主要经历了三个阶段：一是研究实验阶段（1987~1993年），期间我国的科研部门和高校开始研究互联网技术，1987年9月，我国第一个国际互联网电子邮件节点由中国学术网（CANET）在北京计算机应用技术研究所内正式建成，在1987年9月14日我国发出了第一封电子邮件：“Across the Great Wall we can reach every corner in the world（越过长城，走向世界）”，揭开了我国使用互联网的序幕。二是起步阶段（1994~1996年），1994年4

月，北京中关村地区教育与科研示范网络工程正式接入互联网，实现了与互联网的 TCP/IP 协议连接，并开通了互联网全功能服务，从此，国际社会正式承认我国是拥有互联网的国家。据资料统计，截止到 1996 年年底，我国互联网用户数达 20 万户。三是快速发展阶段（1997 年至今），从 1997 年开始，我国互联网用户数保持每半年翻一番的速度增长，据资料统计，截止到 2000 年 12 月 31 日，我国的上网计算机总数为 892 万台。

2.1.2 起步阶段教育信息化政策演进

1978 年 4 月 22 日，邓小平同志在全国教育工作会议上指出："要制订加速发展电视、广播等现代化教育手段的措施，这是多快好省发展教育事业的重要途径，必须引起充分的重视。"之后，全国各地开始筹备成立广播电视大学；1979 年 1 月，国务院正式下发文件指出："举办广播电视大学，是我国高等教育事业发展中的新事物，对于扩大高等教育的规模，提高广大群众的科学文化水平，加速培养大量又红又专的人才将会起重大作用。"[4] 1979 年 2 月 6 日，邓小平借鉴国际上创办开放大学的经验，亲自倡导并批准创办的面向全国的广播电视大学——中央广播电视大学和 28 所省级广播电视大学同时宣告成立，这在我国教育史上揭开了远程高等教育发展的新篇章。

经邓小平等党和国家领导人同意、国务院批准，1978 年 8 月，中央电化教育馆成立，这标志着我国教育信息化迈出了第一步。作者认为，中央电化教育馆的成立，是我国教育信息化起步的始点。

1983 年 10 月 1 日，邓小平同志为北京景山学校题词："教育要面向现代化，面向世界，面向未来。"小平同志的题词为我国新时期教育体制改革发展指明了正确方向[5]。"三个面向"要求我们了解并研究世界，运用世界上先进的科学技术，发展与改善我国的教育事业，在这个时期，国家非常重视电化教育和广播电视大学的发展，不断加强教育技术国际交流，学习国际经验[6]。如1986年，中国电化教育代表团首次赴美国参加AECT（Association for Educational Communications and Technology，教育传播和技术协会）年会，1989年，中央广播电视大学首次承办国际远距离高等教育研讨会。参加与承办国际会议，走出国门，放眼世界，有助于我国了解国际电化教育发展水平，有助于学习世界先进技术，为我国电化教育起到很好的借鉴作用。

1984年2月16日，邓小平同志在上海视察中国福利会儿童计算机活动中心时说："计算机普及要从娃娃抓起。"同年5月28日，教育部下发通知指出："中小学进行计算机教育试点工作。"小平同志的这一句话，为中国计算机产业发展指明了道路，也标志着一个时代的开始。

1989年10月31日，我国正式颁布了《国家教育管理信息系统总体规划纲要》，这是我国最早颁布的关于教育信息化相关的政策文件，也标志着信息化正式以文件形式进入教育领域，这个纲要为我国未来教育管理信息化和教育系统电子政务的发展奠定了基础。

1993年我国正式确定将"电化教育"更名为"教育技术"。早在20世纪30年代，我国就已出现"电化教育"一词，"电化教育"是我国的特有名词，1935年，江苏省立镇江民众教育馆将该馆的大会堂命名为"电化教学讲映场"，这是我国最早使用的"电化教学"一词，同年，"电化教育人员训练班"在南京金陵大学举办，"电化教育"这个名词第一次被正式使用，并一直使用到1993年更名为"教育技术"。从概念的本质来看，"教育技术"与"电化教育"是相同的，都是指在教育教学过程中，将现代教育媒体（如计算机、互联网、幻灯片、投影器（仪）、录音录像、广播电视、电影等）与传统教育媒体相结合，传递教育信息，以实现教育最优化[7]。

1994 年 7 月，我国建立“中国教育和科研计算机网”（China Education and Research Network），简称 CERNET，这是我国建成的首个采用 TCP/IP 和 X.25 协议的全国互联网主干网，CERNET 也是我国开展现代远程教育的重要平台。

1996 年 4 月 10 日，国家教委印发《全国教育事业“九五”计划和 2010 年发展规划》（以下简称《规划》），《规划》在运行机制改革中指出：“2010 年基本建成比较配套的教育法规体系和比较完备的教育决策咨询系统、信息系统、督导评估系统，逐步形成自我发展和自我约束的运行机制。”《全国教育事业“九五”计划和 2010 年发展规划》为我国中长期教育信息化发展制定了目标，构建了发展蓝图。

1998 年 12 月 24 日，教育部印发《面向 21 世纪教育振兴行动计划》，对信息技术应用提出了明确要求。在改革开放和现代化建设新时期，邓小平同志反复强调，实现社会主义现代化，科技是关键，教育是基础；在世纪之交的重要时刻，江泽民同志又深刻指出，当今世界，以信息技术为主要标志的科技进步日新月异，高科技成果向现实生产力的转化越来越快，初见端倪的知识经济预示人类的经济社会生活将发生新的巨大变化，在即将到来的 21 世纪，以高新技术为核心的知识经济将占主导地位，国家的综合国力和国际竞争能力将越来越取决于教育发展、科学技术和知识创新的水平，教育将始终处于优先发展的战略地位，现代信息技术在教育中广泛应用并导致教育系统发生深刻的变化，终身教育将是教育发展与社会进步的共同要求[8]。当前，许多国家都把振兴教育作为面向 21 世纪的基本国策，这预示着未来教育将发生深刻的变革，我们应当及早准备，迎接新的挑战；《面向21世纪教育振兴行动计划》指出："实施现代远程教育工程，形成开放式教育网络，构建终身学习体系。"[8]

1999年4月22日，教育部职业教育与成人教育司印发《关于进一步加强中等职业学校信息化建设的通知》，要求贯彻落实教育部《面向21世纪教育振兴行动计划》关于加速学校信息化建设的要求，要求各地教育行政部门要切实做好中等职业学校信息化建设的规划、指导工作，进一步加快了中等职业学校信息化建设的步伐。

1999年6月13日，中共中央、国务院印发《关于深化教育改革全面推进素质教育的决定》（以下简称《决定》），《决定》指出："大力提高教育技术手段的现代化水平和教育信息化程度。"期间，国家大力支持建设以中国教育科研网和卫星视频系统为基础的现代远程教育网络，要求加强以经济实用型终端平台系统和校园网络建设，充分利用现有的各种资源，继续搞好多样化的电化教育和计算机辅助教学；该《决定》还指出："在高中阶段的学校和有条件的初中、小学普及计算机操作和信息技术教育，使教育科研网络进入全部高等学校和骨干中等职业学校，逐步进入中小学。采取有效措施，大力开发优秀的教育教学软件。运用现代远程教育网络为社会成员提供终身学习的机会，为农村和边远地区提供适合当地需要的教育。"[9]该《决定》明确了教育技术和教育信息化的地位，促进了我国中小学教育信息化发展，也促进了现代远程教育的快速发展。

2000年3月21日，教育部印发《关于全面推进素质教育、深化中等职业教育教学改革的意见》的通知，通知指出："中等职业学校要积极运用现代化教育技术和手段，开发和使用符合教学需要的现代化教学媒体；大力提高教育技术手段的现代化水平和信息化程度，加快中等职业教育的教育教学信息网络化建设，积极发展现代远程职业教育。"[10]

2000年10月25~26日，"全国中小学信息技术教育工作会议"

在北京举行。会议决定："从 2001 年开始，用 5～10 年的时间，在全国中小学基本普及信息技术教育，全面实施'校校通'工程。" 2000 年 11 月 13 日，教育部印发《关于在中小学实施"校校通"工程的通知》（以下简称《通知》），《通知》指出："使全国 90%左右的独立建制的中小学校能够上网，使中小学师生都能共享网上教育资源，提高中小学的教育教学质量。"《通知》还明确了我国基础教育信息化的工作目标和具体任务，对我国今后 10 年基础教育信息化工作推进具有现实指导意义。

2000 年 11 月 14 日，教育部印发了《中小学信息技术课程指导纲要（试行）》（以下简称《纲要》）的通知，希望各地从实际出发，积极创造条件，大力推进中小学信息技术课程建设。该《纲要》指出："小学阶段、初中阶段、高中阶段的信息化教学内容安排要有各自明确的目标，要体现出各阶段的侧重点，要注意培养学生利用信息技术对其他课程进行学习和探讨的能力。努力创造条件，积极利用信息技术开展各类学科教学，注重培养学生的创新精神和实践能力。"[11]

2.1.3 起步阶段教育信息化主要特点

2.1.3.1 经历时间长

教育信息化起步于 20 世纪 70 年代末，止于 2000 年左右，之间经历了 20 多年。起步阶段是我国教育信息化各发展阶段最为长久的一个时期。

2.1.3.2 发展速度慢

在起步阶段 20 多年的发展过程中，教育信息化发展十分缓慢，这主要受限于当时的科学技术的发展和社会对教育信息化的需求，这个阶段，计算机技术和网络技术还未走进寻常百姓家中，广播电视、卫星系统是这个阶段主要的电化教育设备。

2.1.3.3 政策文件及研究成果少

（1）政策文件。在我国，政策文件多以规划、意见、通知、纪要、决定、办法等形式出现，国家层面的教育信息化政策文件最早可追溯到1989年。据资料统计，1989~2000年，国家层面的教育信息化政策共有13项，其中，1993年发布了三项政策，1997年和2000年发布了两项政策，其他年份基本是一年发布一项政策[12]。历年发布的政策文件数如图2-2所示。

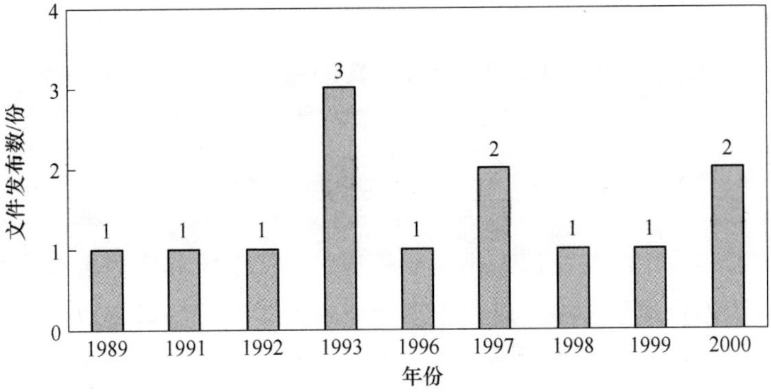

图2-2 1989~2000年政策文件发布数

（数据来源：钟志贤，曾睿，张晓梅．我国教育信息化政策演进（1989~2016）研究［J］．电化教育研究．）

（2）研究成果。据资料统计，以教育信息化为题目的论文数量，截止到2000年共计213篇，其中1983~1991年和1993年，每年各1篇，1992年、1995年各2篇，1994年3篇，1996年7篇，1997年12篇，1998年24篇，1999年58篇，2000年95篇[13]，可以看出，从1997年开始，以教育信息化为题目的论文发表数量增加较快。每年以教育信息化为题目的论文发表数量如图2-3所示。

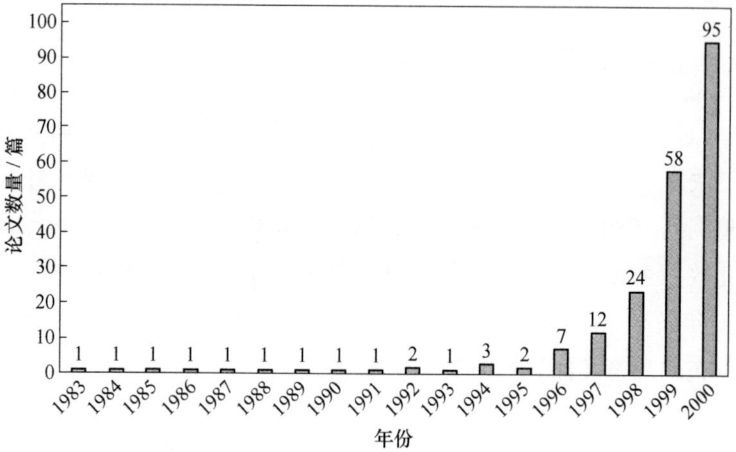

图 2-3 1983~2000 年教育信息化论文数量
（数据来源：搜狐网．唐亮．教育信息化政策 40 年演进史．）

2.1.3.4 教育信息化应用不明显

起步阶段的教育信息化主要是利用卫星系统和广播电视系统进行远程教育教学，主要应用于广播电视大学的远程教育以及对社会大众进行科普知识宣传教育。受当时社会发展和信息技术限制，该阶段教育信息化应用单一、应用范围有限、受众人群少，因此，该阶段教育信息化应用并不明显。

2.1.4 起步阶段教育信息化主要影响

起步阶段是我国多媒体教学发展期和网络教育启蒙期，经过 20 余年的艰苦发展，我国的教育信息化从无到有，逐渐从弱变强。这一时期大大促进了我国与国际社会的交流，我国积极吸收国际教育传播先进理论，积极学习借鉴国际开放大学开展远程教育的经验，促进了我国广播电视大学的创立与发展。这一时期，大大地推动了教育技术基础设施建设，促进了教师信息化能力培训，为我国教育信息化后续发展奠定了坚实基础和积累了丰富经验。

2.1.5 起步阶段教育信息化主要成果

（1）成立中央电化教育馆，迈出我国教育信息化第一步。

（2）成立中国广播电视大学，揭开我国远程高等教育发展新篇章。

（3）邓小平同志提出："教育要面向现代化，面向世界，面向未来。"为我国新时期教育体制改革发展指明正确方向。

（4）邓小平同志提出："计算机普及要从娃娃抓起。"这为我国计算机产业发展指明了道路，也标志着一个时代的开始。

（5）积极参加与承办电化教育国际会议，促进了我国教育技术的发展。

（6）颁布《国家教育管理信息系统总体规划纲要》，为我国未来教育管理信息化和教育系统电子政务的发展奠定了基础。

（7）建立"中国教育和科研计算机网"，实现校园之间信息资源共享。

（8）发布《面向21世纪教育振兴行动计划》，对信息技术应用提出了明确要求，即利用信息技术构建终身学习体系。

（9）发布《关于深化教育改革全面推进素质教育的决定》，明确教育技术及教育信息化在我国教育改革中的地位。

（10）发布《关于在中小学实施"校校通"工程的通知》，明确了我国未来10年基础教育信息化推进工作要求，为推动教育信息化建设以及在中小学普及信息技术教育奠定基础。

2.1.6 起步阶段教育信息化主要技术

教育信息化起步于20世纪70年代末期，止于2000年左右，期间我国的科学技术还相对落后，计算机技术、网络技术还未在普通百姓中普及，计算机和网络设备主要用于科研机构、高等院校等场所，电化教育设备主要以幻灯、录音录像、广播电视等技术为主，通过利用卫星系统进行远程教育教学。

2.1.7 起步阶段教育信息化主要应用

1979 年，中央广播电视大学和 28 所地方广播电视大学成立，揭开了我国远程开放教育发展的新篇章。1994 年，我国建立了“中国教育和科研计算机网”，CERNET 成为我国开展现代远程教育的重要平台。因此，以中国教育科研网和卫星视频系统为基础的现代远程教育工程是起步阶段主要的信息化应用。

2.2 迅速发展阶段

2000 年 11 月 13 日，教育部印发《关于在中小学实施“校校通”工程的通知》，要在全国中小学基本普及信息技术教育，全面实施“校校通”工程。这对我国未来 10 年基础教育信息化工作具有强大的推进作用。2001~2010 年这 10 年间是我国教育信息化迅速发展阶段。

2.2.1 发展阶段教育信息化发展状况

从 1994 年我国正式接入互联网以来，我国的上网人数以惊人的速度增长，中国互联网络信息中心（CNNIC）发布的历年中国互联网络发展状况调查统计报告数据见表 2-1。

表 2-1 中国互联网络发展状况调查统计报告历年数据

截止日期	上网计算机数量/万台	上网人数/万人	CN 下域名数/个	WWW 站点数/个	带宽/M	发布次数
1997 年 10 月 31 日	22.9	62	4066	约 1500	25.408	第一次
1998 年 6 月 30 日	54.2	117.5	9415	约 3700	84.64	第二次

续表 2-1

截止日期	上网计算机数量/万台	上网人数/万人	CN下域名数/个	WWW站点数/个	带宽/M	发布次数
1998年12月31日	74.7	210	18396	约5300	143.25	第三次
1999年6月30日	146	400	29045	约9906	241	第四次
1999年12月31日	350	890	48695	约15153	351	第五次
2000年6月30日	650	1690	99734	约27289	1234	第六次
2000年12月31日	892	2250	122099	约265405	2799	第七次
2001年6月30日	1002	2650	128362	约242739	3257	第八次
2001年12月31日	1254	3370	127319	约277100	7597.5	第九次
2002年12月31日	2083	5910	179544	约371600	9380	第十一次
2003年12月31日	3089	7950	340040	约595550	27216	第十三次
2004年12月31日	4160	9400	432077	约668900	74429	第十五次
2005年12月31日	4950	11100	域名总数/个 2592410	约694200	136106	第十七次
2006年12月31日	5940	13700	4109020	约843000	256696	第十九次
2007年12月31日	7800	21000	11928043	约1503800	368927	第二十一次
2008年12月31日	—	29800	16826198	约2878053	640286.67	第二十三次
2009年12月31日	—	38400	16818401	约3231838	866367	第二十五次
2010年12月31日	—	45700	8656525	约1908122	1098956.82	第二十七次

从表 2-1 可以看出，从 1997 年第一次发布中国互联网络发展状况调查统计报告，到 2010 年第二十七次发布中国互联网络发展状况调查统计报告，我国上网人数增加了约 737 倍，网络带宽增加了约 43252 倍。我国网络技术经过 10 年左右时间的发展，网络基础设施建设基本完善，网络应用得到了广泛普及，这为我国教育信息化迅速发展奠定了基础。

在基础教育信息化方面，教育部规划在 21 世纪的前 10 年(2001~2010 年)，全国中小学校将分三步走，逐步普及信息技术课程：第一步，要求在 2001 年前，全国高中均开设信息技术课程；第二步，要求在 2005 年前，全国初中均开设信息技术课程；第三步，要求在 2010 年前，全国小学均开设信息技术课程。建设的视频资源覆盖初中 11 个学科和小学 7 个学科[14]。

在高等教育信息化方面，2001 年，教育部发起“数字化校园”建设项目，我国高等学校于 2008 年已全部建成了校园网络，并全面应用于教育教学、科学研究、管理服务等方面。截止到 2007 年，教育部共评出 1125 门国家精品课程，全部覆盖了本科 13 个一级学科。

在职业教育信息化方面，2005 年 10 月，国务院发布《关于大力发展职业教育的决定》，明确提出要加强职业教育信息化建设，从此，我国职业教育在信息化建设方面得到了突飞猛进的发展。据统计，2009 年提供给职业教育的个人计算机达 230 万台［生均个人计算机数达 0.11 台（每 100 人拥有 11 台）］，并每年以 40 万台的速度增长，全国 15000 余所职业类院校中，70%建成了计算机教室、多媒体教室、电子阅览室，60%建成了不同规模的校园网[14]。

在教育信息化发展阶段，教育信息化基础设施建设得到快速发展，教育信息资源开发与整合得到大力推进，各类应用支撑平台建设成果显著，虽然信息化发展迅速，但普遍存在“重建设、轻应用”的现象。

2.2.2 发展阶段教育信息化政策演进

教育信息化发展阶段正处于我国“十五”“十一五”期间，从国家层面的政策文件看，涉及基础教育、高等教育、职业教育等各类教育的信息化发展。

2001 年 5 月 29 日，国务院印发《关于基础教育改革与发展的决定》，其中第二十六条指出：“大力普及信息技术教育，以信息化带动教育现代化。”[15]明确了我国基础教育信息化发展方向及目的。

2001 年 7 月 2 日，教育部印发了《中等职业学校设置标准（试行）》的通知，在第七条中指出：“要具备能够应用现代教育技术手段，实施现代远程职业教育教学与管理信息化所需的软、硬件设施、设备。”[16]明确了中等职业学校设置标准中对信息技术的要求，这对加快中等职业学校教育信息化发展具有重大促进作用。

2001年7月17日，卫生部、教育部印发《中国医学教育改革和发展纲要》的通知，其中第六条中指出：“积极利用教育信息化提供的新的知识传播途径和方式，加强校园网或局域网络的建设，充分利用现有信息资源和各种音像手段，搞好多样化的电化教育和计算机辅助教学，培养学生的自学能力、获取知识的能力和创新能力。”[17]首次对医学教育提出信息化要求。

2001年7月26日，教育部签发《全国教育事业第十个五年计划》，其中第二条中指出：“高度重视信息技术对教育产生的革命性影响，大力推进教育信息化，已经成为当今世界教育发展的主流。”要求在2010年实现教育信息化达到较高水平，部分地区基本实现教育现代化的目标；要求把教育信息化工程列入国家重点建设工程，以信息化带动教育现代化，积极开发、共享教育信息资源，加强对师范教育专业学生的信息技术教育，加强对中小学专任教师的计算机基础知识技能培训[18]。从中可以看出，国家把教育信息化发展提到了前所未有的高度，提出了“十五”期间我国教育信息化发展的主要政策措施，为我国教育信息化全面发展提供了政策指导和发展目标。

2001年11月29日，教育部办公厅印发《关于中小学校园网建设的指导意见》，对中小学校园网建设存在的问题进行了规范，并对中小学校园网建设的基本原则、基本要求、建设内容等提出要求。

我国从2001年开始建设教育政务信息化（重点建设教育政务“三网一库”），应用现代信息技术来辅助管理教育教学。

2002年3月20日，《中国教育报》刊登“首次发布国家信息化水平研究报告”，报告显示：“我国信息技术应用得到较快发展，但信息化人才不足已成为制约我国信息化持续发展的关键因素。”[19]因此，信息化建设要从学校抓起，加强人才培养和信息技术知识的普及，为国家输送大量合格的信息化建设人才。

2002年5月13日，教育部印发《全国学校艺术教育发展规划（2001—2010年）》，其中第三条“主要任务”中的第五点“现代教育技术”中指出：“大力提高艺术教育现代化水平和信息化程度，促进信息技术和艺术课程的整合，拓展教师和学生获取艺术及相关信息的手段及选择的范围，是大幅度提高教育质量，在艺术教育领域全面实施素质教育的必要条件。”[83]首次对艺术教育提出信息化要求及发展规划。

2002年7月7日，国务院印发《关于深化改革加快发展民族教育的决定》，在第三条“深化改革，加快发展民族教育的政策措施”中的第四点“加大对民族教育的投入”中指出实施“教育信息化工程”；在第八点“积极推进民族教育手段现代化进程”中指出：“重点支持现代远程教育网络建设，建立县级远程教育教学点和乡级电视、数据收视点，有条件的地区和学校启动校园网络或局域网建设，培养培训教师和管理人员，要加强民族中小学语言教学室或计算机室的建设，加快普及信息技术教育的步伐。”[20]首次对民族教育提出教育信息化要求，对建设内容及目的作了明确指示，加快了民族地区教育信息化的发展。

2002年8月24日，国务院印发《关于大力推进职业教育改革与发展的决定》，在第九条中指出：“加强职业教育信息化建设，推进现代信息技术在教育教学中的应用。积极发展现代远程职业教育，开发职业教育资源库和多媒体教育软件，为职业学校和学生提供优质教育资源。”[21]明确了职业教育信息化建设的现实地位，强调在职业教育中加强多媒体技术应用，提出开发教育资源库的新要求。

2002年9月4日，教育部印发《教育信息化“十五”发展规划（纲要）》。规划主要对我国教育信息化发展现状与趋势、指导思想和发展目标、重点任务和重大工程、主要建设措施等方面进行了阐述，进一步明确了我国教育信息化在“十五”规划期间的建设目标和发展方向。这是我国第一部教育信息化规划政策文件，对我国教育信息化建设与应用具有重要的指导作用。

2002年9月4日，教育部正式印发实施《教育管理信息化标准》（第一部分：学校管理信息标准），这是我国最早发布的教育管理信息化方面的标准规范，对我国教育信息化建设工作具有十分重要的指导意义，它引导了我国教育管理信息化工作向标准化、网络化、规范化的方向发展，加速我国教育信息化进程健康发展。

2002年10月30日，教育部印发《基础教育教学资源元数据规范》的通知，目的是进一步加快教育信息化和现代远程教育工程的发展，规范教育信息技术和现代远程教育教学资源的开发工作，实现优秀教育资源的整合和共享[23]。

2003年5月8日，陈至立同志考察北京地区“空中课堂”开展情况时强调：“开设‘空中课堂’，这既是一个很好的应对措施，同时也为推进教育信息化、现代化提供了机遇。”

2003年6月13日，教育部办公厅关于印发《教育管理软件认证管理办法（试行）》的通知，目的是推动全国教育管理信息化工作规范化发展，主要对教育管理软件内容是否符合教育管理信息化标准进行检测，并检测软件的主要功能和技术性能。这也确保了《教育管理信息化标准》的贯彻实施，维护教育管理软件使用单位的利益[84]。

2003年6月，教育部组织专家起草了《关于加强教育政务信息化建设的建议》和《关于教育监管与服务系统建设的进一步说明》，对2003~2007年教育政务信息化进行了总体规划。

2003 年 8 月 28 日，“中国教育部与英特尔公司战略合作备忘录”签字仪式在北京举行，在签字仪式上，时任教育部部长周济发表讲话，他强调：“中国正在加快普及教育信息化，努力实现教育信息化。”

2003 年 9 月 17 日，国务院发布《关于进一步加强农村教育工作的决定》，指出：“实施农村中小学现代远程教育工程，促进城乡优质教育资源共享，提高农村教育质量和效益。”这有利于打破城乡资源不平衡的现状，有利于促进资源共享，缩小城乡教育差距，造福乡村教育事业。

2003 年 9 月 24 日，教育部办公厅印发《2003—2004 年度教育电子政务建设实施要点》的通知，通知指出：“继续扩大电子办公与信息交换系统的应用范围、提高教育行政办公系统的运行稳定性和安全可靠性，建立该系统的安全保障体系、完善全国教育网络视频会议系统的管理，提高该系统的安全稳定性和组播能力、启动中央级教育政务信息资源库建设，现阶段以收集、整理和发布学校信息为目标，逐步建立决策支持、为民服务、办学监管、应急指挥等数据库和信息管理平台系统，开展教育电子政务培训，启动教育电子政务试点工程，为进一步全面推进教育系统电子政务建设探索和积累经验。”[24]教育电子政务建设极大地改善了教育行政环境，进一步扩大了教育机构的开放性，有利于信息公开，促进了教育机构与公众之间的沟通。

2003 年 11 月 21 日，教育部等九部门联合印发《关于加快软件人才培养和队伍建设的若干意见》（以下简称《意见》），促进软件产业快速发展，关键是人才，《意见》指出：“力争通过 5 年左右的努力，使我国软件人才队伍的规模、结构和水平基本适应国家软件产业发展的实际需求，为我国软件产业的振兴提供坚实的人才保障。”[25]《意见》的发布对加速我国软件产业的发展、提升综合国力、优化经济结构、缩小与发达国家差距，具有重大现实意义。

2003 年 12 月 25 日，教育部、国家发展改革委、财政部联合印发关于《农村中小学现代远程教育工程试点工作方案》的通知，这是首个针对农村中小学实行现代远程教育工程试点的工作方案，明确了农村中小学教育信息化近期建设目标和建设要求。通过运用信息化的手段和方式，积极引入优质教育资源，提高农村中小学教育教学质量，缩小东西部教育差距，发挥现代远程教育工程的综合功能，有效地促进了城乡优质教育资源的共享，提高农村教育质量，为农村社会和经济发展服务[26]。

2004 年 2 月 10 日，教育部印发《2003—2007 年教育振兴行动计划》，其中第六条中指出："实施农村中小学现代远程教育计划，初步形成农村教育信息化的环境。"第十四条中指出："完善高等学校招生网上远程录取系统和网上阅卷系统，建设招生信息化管理与服务平台。"第二十二条中指出："加强高等学校教学质量评估信息系统建设，形成评估指标体系，建立教学状态数据统计、分析和定期发布制度。"第二十三条中指出："全力建设和用好'就业网'，加速实现毕业生就业服务信息化。"第二十五条中指出："加快教育信息化基础设施、教育信息资源建设和人才培养，全面提高现代信息技术在教育系统的应用水平。"[27]这表明国家对农村中小学教育信息化建设与发展的高度重视，要求高等学校加强信息化管理系统建设，实现学生录取、教育教学过程、学生就业等全方位信息化管理与信息化应用。

2004 年 7 月，教育部成立了教育政务信息化领导小组，统一领导和全面推进教育电子政务建设。2004 年 7 月 21 日，教育部办公厅发出《关于开展教育电子政务试点工程建设的通知》（以下简称《通知》），进一步推动了电子办公和文件信息交换等系统的应用和教育政务信息资源的开发利用，《通知》明确提出要逐步建立覆盖全国的教育电子政务网络体系。

2004 年 9 月 23 日，教育部、国务院西部开发办联合印发关于《2004—2010 年西部地区教育事业发展规划》的通知，指出："国家以信息化带动工业化的战略部署，使西部教育有望以信息化为载体，奋起直追，缩小差距。"在"战略要点"中指出："大力发展西部农村中小学现代远程教育，积极推进普及信息技术教育，以信息化带动现代化，努力实现西部农村教育跨越式发展。"在"主要任务与目标"中指出："大力推进教育信息化，积极发展现代远程教育。"在"西部教育信息化工程"中指出："积极推进西部教育信息化基础设施建设，加快构建农村中小学现代远程教育体系，实现农村教育的跨越式发展，加强符合西部教育信息化需要的教育信息化的标准建设和教育、教学资源开发，加强对信息技术教育师资和教育信息化管理人员的培训，建立健全教育信息化运行保障机制。"[28]这是首部西部地区教育事业发展规划。全文"信息化"出现了 19 次，"信息技术"出现了 4 次，"远程教育"出现了 9 次，可以看出国家对西部教育信息化发展的重视程度。国家希望通过教育信息化发展战略，缩小西部地区与发达地区之间的教育教学水平，提升国家整体办学质量和办学水平。

2004 年 11 月 12 日，教育部印发《启动新一轮民族、贫困地区中小学教师综合素质培训项目暨新课程师资培训计划（2004—2008 年）》的通知，通知指出："加强运用信息技术、远程网络教育的教师培训。""教师教育必须加快信息技术的发展步伐，加强广大教师信息技术的培训。""充分运用教育信息技术为手段，有效开展教师培训工作。""部分民族地区和贫困地区继续进行'教育信息技术的掌握与应用'专题的培训，已完成这个专题的地区可以进行'教育信息技术与学科教学整合'的专题培训。"[29]从该通知中对教师教育信息化培训的急切要求，表明了教育信息化人才是关键，要搞好我国的教育信息化，提高教师信息化素养和信息化应用水平是关键。

2004 年 12 月 15 日，教育部印发《中小学教师教育技术能力标准（试行）》的通知，2005 年 4 月，教育部正式启动中小学教师教育技术能力建设计划。《中小学教师教育技术能力标准》是我国颁布的首个中小学教师专业能力标准，这个标准的颁布成为我国中小学教师专业化发展的重要“里程碑”。

2005 年 1 月 4 日，教育部在 2005 年工作要点中指出：“大力推进农村中小学信息化建设。全面实施农村中小学现代远程教育工程，构建农村中小学现代远程教育体系。”“加速教育信息化建设。加大中国教育和科研计算机网及中国卫星宽带传输网建设力度，提高运行质量和管理水平，构建教育信息化公共服务体系和应用支撑平台。积极参与下一代互联网和网格建设。加强高等学校校园网建设。制定教育信息化标准与规范，加强各级各类教育信息资源的开发，建设国家教育资源服务体系，提高信息技术在教育系统的应用水平。”“提高就业服务的信息化水平，在全国各地和所有的高等学校开通‘全国高校毕业生就业服务信息网’。”[30] 从上面对教育信息化的表述可以看出，一是教育部始终关心农村信息化建设，希望通过信息化实现教育资源共享，以平衡区域教育资源差异问题；二是加强网络基础设施建设，提高教育信息化建设与应用水平；三是制定信息化标准，加快信息资源开发，提高信息化应用。

2005 年 4 月 5 日，教育部启动《实施全国中小学教师教育技术能力建设计划的通知》（以下简称《通知》），《通知》指出：“组织开展以信息技术与学科教学有效整合为主要内容的教育技术培训，全面提高广大教师实施素质教育的能力水平。”“实施全国中小学教师教育技术能力建设计划，是推进教育信息化，实施素质教育和促进基础教育课程改革，提高教育质量的迫切需要。”“提高教育技术培训质量，对于进一步促进以信息技术为主的现代教育技术与教学的整合，提高教育教学水平具有重要意义。”[31]教育部不断地要求提高中小学教师信息化水平，正是为了“计算机普及要从娃娃抓起”。只有中小学教师的信息化水平提高了，我们的孩子才能接受好的信息化教育，才能有效地提升国家整体信息化水平。

2005 年 6 月 10 日，教育部商务部印发《关于推动有关高等学校进一步加强电子商务理论与实践研究的通知》，要求加强对电子商务教师研究能力的培养，组织教师定期参加师资培训，创造条件引导教师参加科研，促进电子商务专业师资队伍整体研究能力的提高[32]。

2005 年 10 月 28 日，国务院印发《关于大力发展职业教育的决定》，要求加强职业教育信息化建设，推进现代教育技术在教育教学中的应用。

2005 年 12 月 31 日，教育部在 2006 年工作要点中指出：“加速推进教育信息化，提高应用水平。继续加强和普及信息化基础设施，着力抓好下一代互联网等重大项目建设。完善和推广教育信息化国家标准体系。”[33]从 2006 年教育部关于教育信息化方面的工作重点要求可以看出，我国教育信息化逐渐向应用方向发展。

2006 年 5 月 8 日，中共中央办公厅、国务院办公厅印发《2006—2020 年国家信息化发展战略》，在“战略目标”中指出：“到 2020 年，我国信息化发展的战略目标是：综合信息基础设施基本普及，信息技术自主创新能力显著增强，信息产业结构全面优化，国家信息安全保障水平大幅提高，国民经济和社会信息化取得明显成效，新型工业化发展模式初步确立，国家信息化发展的制度环境和政策体系基本完善，国民信息技术应用能力显著提高，为迈向信息社会奠定坚实基础。”[34]《2006—2020 年国家信息化发展战略》是国家整体信息化发展战略规划，也对我国教育信息化未来发展方向、发展目标、发展水平提出新的要求。

2006年5月22日，教育部基础教育司印发《关于做好全国中小学教育信息化成果展示工作的通知》（以下简称《通知》），《通知》要求："全面反映2000年全国中小学信息技术教育工作会以来，本地区中小学教育信息化和农村中小学现代远程教育工程在基础设施建设、资源建设、教师培训，尤其是教育教学应用等方面的成就，以及广大教师在教学观念、教学内容、教学方法、教学模式等方面的变革与创新，广大中小学学生在信息素养、信息能力、学习能力、创新能力等方面的提高的专题电视片。"[35]这是对"十五"期间中小学教育信息化发展成果的一次集中展示。通过展示可以看到成绩、找准问题、找出差距、制订解决措施，为"十一五"期间教育信息化制定作参考。

2006年10月16日，教育部办公厅发布《关于成立教育信息化工作办公室的通知》，明确教育信息化工作办公室的主要职能是负责统筹规划、统一管理各级各类教育信息化建设。标志着教育部在改革教育信息化宏观管理体制、加强教育信息化统筹规划、统一管理的道路上迈出了重要一步。

2007年3月7日，教育部印发《全国教育系统干部培训"十一五"规划》（以下简称《规划》），《规划》指出："大力推进信息化建设，促进优质培训资源共享，积极开发干部远程培训教学资源，加强数字图书信息资源建设，充分利用现代信息技术开展远程培训，努力探索干部培训的新模式和新途径。"[36]这次培训对象包括高校领导干部、普通中小学校长、中等职业学校校长等。对普通中小学校长专门进行了"信息技术应用"重点内容培训，可以看出国家对中小学信息化的重视。

2007年5月31日，教育部印发《国家教育事业发展"十一五"规划纲要》（以下简称《纲要》），《纲要》提出："加快教育信息化步伐，以教育信息化带动教育现代化。加快教育管理信息化，提高教育管理水平。努力构建教育信息化公共服务体系。继续加强教育信息化基础设施建设。建立和完善教育信息化技术服务支撑体系。加快教学科研网络、教育政务信息化、高校数字图书馆等应用工程建设。加强教育信息化标准体系建设和专业人才培养，组织对关键技术问题的攻关，为教育信息化提供保障。”[37]这是第一部由国务院审议并批准发布的教育五年规划，对教育信息化定位、目的、建设、应用、成效等都作出了明确要求。

2007年9月19日，教育部颁布《中小学学生学籍信息化管理基本信息规范》，对中小学学生学籍管理所需的数据内容及其技术属性作出了规定。这为中小学校学籍管理数字化、规范化提供了指导，引导了中小学学籍管理系统的规范化开发。

2009年2月6日，教育部印发《“使用信息技术工具改造课程”项目研讨会会议纪要》的通知，提出“充分利用信息化技术，推动优质资源共享是提高教学质量的有效手段。”[38]可以看出，我国教育信息化经过快速发展，基础设施基本建成，通过数字资源建设，提高资源共享与应用，从而提高了教学质量和人才培养质量。

2010年7月6日，教育部印发关于《中等职业学校设置标准》的通知，要求：“要具备能够应用现代教育技术手段，实施现代远程职业教育及学校管理信息化所需的软、硬件设施、设备。其中，学校计算机拥有数量不少于每百生15台。”[39]这对中等职业学校设置关于信息化方面作了硬性要求，有利于促进中等职业学校教育信息化的发展，提升信息化应用水平。

2010年7月29日，国家印发《国家中长期教育改革和发展规划纲要（2010—2020年）》，这是我国进入21世纪的第一个教育规划，也是这一时期指导全国教育改革和发展的纲领性文件。《纲要》提出：“加快教育信息化进程：一是加快教育信息基础设施建设；二是加强优质教育资源开发与应用；三是构建国家教育管理信息系统。”《纲要》作出“信息技术对教育发展具有革命性影响”的重要诊断[40]。

2010 年 11 月 8 日，教育部办公厅印发《关于开展全国教育信息化情况调查的通知》，决定对全国教育信息化情况进行初步调查，以全面了解各地方、各部门及各直属高校的教育信息化现状[41]。这也是对我国“九五”“十五”“十一五”期间全国教育信息化发展情况的一次普查和摸底。

2.2.3 发展阶段教育信息化主要特点

2.2.3.1 发展速度快

A 网络普及速度快

据中国互联网络信息中心历年发布的中国互联网络发展状况统计报告显示：截止到 2010 年，我国网民数达 4.57 亿人，其中农村网民规模达到 1.25 亿人，占整体网民的 27.3%[42]，上网人数是 2000 年 62 万人的 737 倍。

B 信息化基础设施建设快

在国家强有力的推动下、在大量政策文件的指引下，我国教育信息化基础设施建设取得了巨大成绩，在该阶段，大多学校已建成自己的校园网络，开发了学校网站，基本实现“校校通”“班班通”。同时，大量的信息管理系统被开发应用，提高了信息化管理水平。

C 数字资源建设快

基础教育方面：经过“国家级大型基础教育资源库”“农远工程”等项目建设，形成了大量视频资源，基本覆盖义务教育阶段（1~9 年级）教育教学内容，到 2010 年，建设的视频资源覆盖初中 11 个学科和小学 7 个学科。

高等教育方面：到 2010 年，全国高校共建成国家级精品课程

3750 门，其中本科课程 2525 门，全部覆盖了本科的 13 个一级学科[14]。

职业教育方面：国家职业教育资源库从 2002 年开始建设，截止 2010 年，已建成 130 多门网络课程，继续教育非学历成人网络课程资源 1804 门[14]。

2.2.3.2 政策文件及研究成果丰富

A 政策文件

2001~2010 年，教育信息化政策制度的制定发布包括国务院、教育部、中央电化教育馆等部门，数量比起步阶段有大幅增加，据不完全统计，2001~2010 年，有近 60 项教育信息化政策文档[12]。历年发布的政策文件如图 2-4 所示。

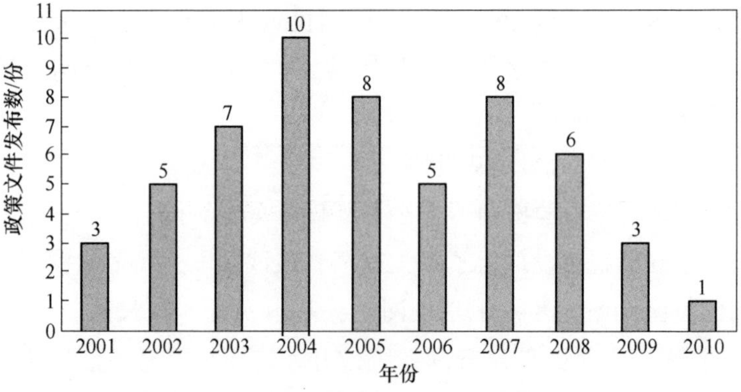

图 2-4 2001~2010 年政策文件发布数量图

（数据来源：钟志贤，曾睿，张晓梅．我国教育信息化政策演进（1989~2016）研究［J］．电化教育研究．）

B 研究成果

据资料统计，2001~2010 年，以教育信息化为题目的论文发表数量达 4857 篇，是起步阶段的 23 倍，每年以教育信息化为题目的论文数量如图 2-5 所示。

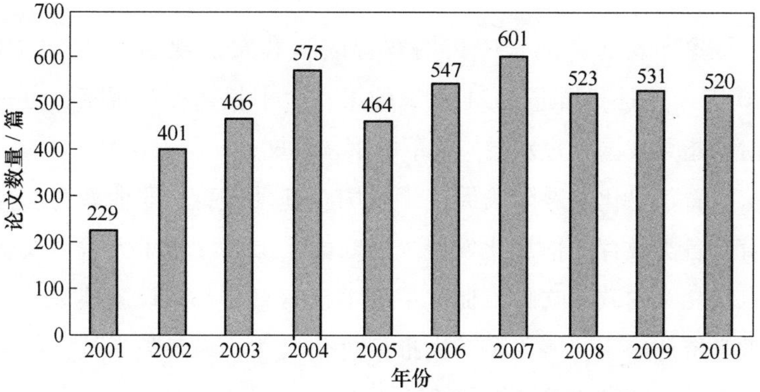

图 2-5　2001~2010 年教育信息化论文发表数量

（数据来源：搜狐网．唐亮．教育信息化政策 40 年演进史．）

2.2.3.3　重基础设施建设轻推广应用

我国教育信息化经过 10 年左右的迅速发展，基础设施建设已初具规模，但“重建设、轻应用”的现象仍普遍存在。各学校只重视硬件环境建设，重基础设施的投入，而轻软件开发应用、数字资源开发应用，经过长时间的信息化建设，仍然缺乏有用的信息资源。

2.2.4　发展阶段教育信息化主要影响

教育信息化经过 10 年左右的发展，逐渐融入教育行业的各个方面，对我国基础教育、高等教育、职业教育等各类教育都产生了重大影响。一是以计算机多媒体技术为核心的教育技术在各学校中普及应用，大大提高了教学质量和教学效率；二是促进了计算机和网络的普及应用，加速了教育现代化进程；三是大力发展了现代远程教育，建设并开发了大量的优质网络数字资源，进一步促进了不同地区教育资源的平衡，形成了开放式网络教育，逐步构建起终身学习体系。

2.2.5 发展阶段教育信息化主要成果

国家印发的《国家中长期教育改革和发展规划纲要（2010—2020年）》是我国进入21世纪的第一个中长期教育规划，也是这一时期指导我国教育发展与改革的纲领性文件。

教育信息化发展阶段促进了我国在基础教育、职业教育、高等教育等各类教育的信息化发展。期间国家层面发布了大量涉及教育信息化相关的政策文件，促进了各学校信息化基础设施建设，提高了教学资源应用，培养了一大批信息化人才，为各类学校，特别是中小学教育信息化发展打下了良好基础。

2.2.5.1 网络发展方面

据中国互联网络信息中心历年发布的中国互联网络发展状况统计报告显示，截止到2000年12月31日我国上网人数达62万人，截止到2010年12月31日我国上网人数达45700万人，增长了737倍，宽带普及率达到98.3%；域名数从2000年的122099个增至2010年的8656525个，增长了70.9倍；www站点数从2000年的265405个增至2010年的1908122个，增长了7.2倍；网络带宽从2000年的2799M增至2010年的1098956.82M，增长了392.6倍。截止到2010年，各类上网设备使用率普遍上升，使用台式电脑上网的网民有78.4%，使用手机上网的网民为66.2%，使用笔记本电脑上网的网民为45.7%。上网地点中有89.2%的网民选择在家上网，在网吧、单位和学校上网的网民分别占35.7%、33.7%和23.2%，还有16.1%的网民在公共场所上网。2010年，我国网民数达4.57亿人，其中农村网民规模达到1.25亿人，占整体网民的27.3%[42]。随着计算机与网络的普及应用，大大提高了我国人口信息化素养和信息化应用水平，有利于推动我国教育信息化的快速发展。

2.2.5.2 信息化基础设施建设方面

基础设施建设是信息化建设的基础，主要由服务器、终端、网络设备、综合布线、系统软件、数据库软件等组成，并随着应用的推进而不断完善[22]。在国家强有力的推动下，在大量政策文件的指引下，我国教育信息化基础设施建设取得了巨大成绩，该阶段，大多学校已建成自己的校园网络，开发了学校网站，基本实现了“校校通”“班班通”。同时，大量的信息管理系统被开发应用，提高了信息化管理水平。

2.2.5.3 数字资源建设方面

A 基础教育方面

2000 年 10 月 25~26 日，全国中小学信息技术教育工作会议召开，会议提出要全面启动中小学“校校通”计划，这为中小学普及信息技术、推动教育信息化建设奠定了基础，这也是我国基础教育信息化的一个“里程碑”。

实施农村中小学现代远程教育工程。国务院印发《关于进一步加强农村教育工作的决定》，教育部印发《农村中小学现代远程教育工程试点工作方案》，国家又实施《面向农村和边远地区中小学信息化环境建设的现代远程教育工程》，对促进城乡优质教育资源共享、提高农村教育质量、促进义务教育资源均衡发展具有重要历史意义。

实施中小学教师教育技术能力培训工程。教育部颁布《中小学教师教育技术能力标准（试行）》，启动中小学教师教育技术能力建设计划。这是我国颁布的第一个中小学教师专业能力标准，是我国中小学教师专业化发展的重要“里程碑”[14]。

实施基础教育资源库建设工程。教育部印发《面向 21 世纪教育振兴行动计划》，在“现代远程教育工程”中拨出专款用于开发面向中小学的数字化资源。我国第一个严格按照元数据规范进行编码管理的《国家级大型基础教育资源库》从2001年开始建设，后又经“农远工程”进一步扩展该资源库，到2008年，该资源库共收入7大类资源，涉及36个学科，4129学时学科知识点教学资源，2869小时的学习辅导、专题教育和教师培训视频资源，12507条多媒体教学素材资源，覆盖1~9年级多种版本教材的教育教学内容[14]，到2010年，建设的视频资源覆盖初中11个学科和小学7个学科。

国家针对中小学校采取的教育信息化建设政策、方案和举措，对我国基础教育信息化跨越式发展起到了巨大推动作用。

B 职业教育方面

国家发布了《关于大力发展职业教育的决定》《关于全面推进素质教育、深化中等职业教育教学改革的意见》《中等职业学校设置标准》等政策文件，明确提出加强职业教育信息化建设，对职业教育信息化发展起着巨大推动作用。“十一五”期间，国务院投入100亿元用于职业教育在学校建设、实训基地、教师培训方面信息化的建设。

在职业教育信息化方面，2005年10月，国务院发布《关于大力发展职业教育的决定》，文件明确提出要加强职业教育信息化建设，从此，我国职业教育在信息化建设方面得到了突飞猛进的发展。据统计，2009年提供给职业教育的个人计算机达230万台［生均个人计算机数达0.11台（每100人拥有11台）］，并每年以40万台的速度增长，全国15000余所职业类院校中，70%建成了计算机教室、多媒体教室、电子阅览室，60%建成了不同规模的校园网[14]。从2002年开始建设的国家职业教育资源库，到2010年，已有130多个网络课程，非学历成人继续教育资源1804门次。在信息管理方面，教育部已经开发并使用了全国中等职业学校学生信息管理系统、国家级重点学校评估远程填报系统、中等职业学校就业信息服务平台等[14,43]。

C 高等教育方面

信息化基础设施建设取得巨大成效。我国在1994年建立了“中国教育和科研计算机网”；2003年开始试验第二代互联网；2001年教育部发起数字化校园建设项目，各高校积极响应，大力发展学校信息化基础设施建设；到2010年，全国所有高校均已建成校园网络。有线网络基本覆盖学校教学楼、办公楼、学生宿舍等主要楼宇，无线网络覆盖比例也在不断增加。

数字化资源建设取得一定成效。一是2010年中国高等教育文献保障体系成员图书馆超过500家，联合目录数据库数据量近200万条，馆藏总量达700余万条；二是通过大学数字博物馆项目建设，到2008年实现了30所高等院校建成10万余件优质教学资源；三是启动高等学校精品课程建设工程，充分利用高校名师资源开发精品课程，并利用教育信息技术手段将精品课程的相关内容上网并免费开放，实现了优质教学资源共享，到2010年全国高校共建成国家级精品课程3750门，其中本科课程2525门，全部覆盖了本科的13个一级学科。另外，绝大多数高校也已经建立了教学资源库，53.4%的高校建立了全校统一的教学资源管理平台，校均数字教学资源达618GB；83.72%的高校建立了电子图书资源，校均电子图书资源达32.2万册[14]。

广播电视大学庞大的广播电视教学体系逐步转向网络教育，促进了网络教育资源的互联互通和资源共享。

2.2.6 发展阶段教育信息化主要技术

教育信息化发展阶段主要从2001年到2010年10年左右时间，随着计算机和网络的普及应用，促进了我国教育信息化的飞速发展。

这一阶段的主要教育信息化技术包括计算机技术、网络技术、多媒体技术、软件开发技术等。

2.2.6.1 计算机技术

计算机技术是指计算机领域中所运用的技术方法和技术手段。这里讲的计算机技术主要是指运用计算机软硬件设备以及相关技术方法和技术手段服务于教育教学的各种技术的总称。

2.2.6.2 网络技术

网络技术是指把互联网上分散的资源融为有机整体，实现资源的全面共享和有机协作。利用网络技术便于教育资源的快速传播、实现资源共享、增加资源重用度、便于教与学和过程监控、降低教育成本、提升教学质量。

2.2.6.3 多媒体技术

多媒体技术是指通过计算机对文字、数据、图形、图像、动画、声音等多种媒体信息进行综合处理和管理，使用户可以通过多种感官与计算机进行实时信息交互的技术，又称为计算机多媒体技术。各类学校运用多媒体技术建成了大量的多媒体教室，改变了传统的授课模式，丰富了教学内容，提高了学生学习兴趣，提升了教学质量。

2.2.6.4 软件开发技术

软件开发技术是运用各种编程语言、数据库、运行环境以及开发工具，开发出满足用户需求的软件系统的技术。在教育信息化发展阶段，我国的软件开发技术得到了空前的发展，成立了大量软件企业，他们为各行各业定制开发出各具特色的管理信息系统。教育行业也不例外，期间各学校也建成了大量的管理信息系统，管理信息系统的应用极大地提高了学校管理效率和办学水平，随着各类应用系统的广泛应用，也促进了软件开发技术不断升级完善。

2.2.7 发展阶段教育信息化主要应用

2.2.7.1 计算机多媒体技术应用

随着个人计算机的普及应用，大多数学校已建成了一批多媒体教室，多媒体教学是该阶段教育信息化主要应用之一。应用多媒体技术，利用计算机把文本、图形图像、声音动画、视频等多种信息综合处理应用，丰富了教学内容，大大提高了教学质量，改变了教师授课的传统教学模式，也打破了学生传统的课堂学习模式。因此，多媒体技术的广泛应用，必将促进教育教学改革，以适应教育信息化发展的需要。

2.2.7.2 网络技术应用

在 21 世纪前 10 年，我国的网络技术取得了巨大成就，网络基础设施建设基本完成，网络得到了全面普及应用。全部高等学校、大部分中小学校都建成了自己的校园网络，开通了学校网站。网络技术的广泛应用，促进了学校数字教学资源在网络上的快速传播和资源共享，提升了教育电子政务能力、数字校园水平和人才信息化素养。

2.2.7.3 信息管理系统应用

在教育信息化发展阶段，各学校建成了大量的信息管理系统，如 OA 系统、教务管理系统、学工管理系统、数字迎新系统、财务管理系统、资产管理系统、站群系统、一站式服务平台等信息系统，用于学校教育教学、科学研究、管理服务等各方面应用，大大提高了学校现代化管理水平。

2.2.7.4 数字资源建设应用

随着网络的普及以及网络带宽的不断提速，为在线教学和在线学习创造了条件。基础教育、高等教育和职业教育都开发了大量的在线学习资源。学生的学习不再受时空限制，可随时随地在线视频学习。教师也改善了教学方法，实现在线与学生进行互动，给学生进行辅导，加强对学生的学习进度及学习过程的监控，实行线上线下相结合，提高了教学效率。

综上，计算机技术、网络技术、数字资源共享、信息管理系统应用是发展阶段主要的信息化应用，可见这一阶段是以计算机为主的互联网技术在教育信息化中的应用。

2.3 全面应用阶段

2013年11月29日《中国教育报》刊登了教育部副部长杜占元署名文章《改革创新加快推动教育信息化发展》，文中指出："信息技术的深度广泛应用，将改变既有的教学模式、学习方式，使教育从以教师为中心向以学生为中心转变，从知识传授为主向能力、素质培养为主转变，从课堂学习为主向多种学习方式转变。"随着数字化校园建设项目的实施，大多数学校信息化基础设施建设取得了巨大成效，随着基础设施的不断建设完善，教育信息化必然会朝着深度广泛应用的方向发展。一般认为从2011年到2017年是我国教育信息化全面应用阶段。

2.3.1 应用阶段教育信息化发展状况

在信息化发展阶段，经过数字化校园建设，各学校在软硬件建设方面都取得了巨大成就，建成了大量的信息系统，积累了海量的数据资源。在信息化发展阶段，学校各部门信息系统的建设基本是各自为政，形成了大量信息孤岛。系统应用也局限于少数部门之中，师生的公共数据在各系统中得不到资源共享利用。

在信息化应用阶段，主要任务除了进一步完善信息化基础设施建设，还要加快数字资源建设和信息系统集成，通过系统集成，在各信息系统间打通数据流转，实现单点登录和“一站式”服务应用，促进数字资源共享与应用，加速教育教学改革。

据《中国教育概况——2017 年全国教育事业发展情况》统计，截止到 2017 年，义务教育学校信息化配置水平持续提高，优质资源覆盖面逐步扩大，信息技术和教育教学的深度融合逐步加强。全国小学每百名学生拥有教学用计算机台数由上年的 9.5 台增加到 10.5 台，初中由上年的 13.9 台增加到 14.8 台。全国小学接入互联网的比例为 96.3%，其中城市小学为 98.1%，农村小学为 95.9%，城乡差距较上年缩小。全国初中接入互联网的比例为 98.6%，城市初中为 98.3%，农村初中为 98.7%，城乡间已无差距。建立校园网学校比例：小学为 64.4%，初中为 76.7%，农村小学、初中建网学校比例分别为 60.9%和 73.7%，分别比城市学校低 22 个和 13 个百分点，城乡差距依然较大。普通高中接入互联网的比例为 98.4%，每百名学生拥有教学用计算机台数为 17.1 台，建网学校比例为 88.6%；中等职业教育每百名学生拥有教学用计算机 21.2 台；全国普通高校接入互联网的比例为 100%，每百名学生拥有教学用计算机 27.0 台，其中，本科院校 27.4 台，高职（专科）院校 26.0 台，校均上网课程为 169.9 门，其中，本科院校校均上网课程为 274.7 门，高职（专科）院校校均上网课程为 74.5 门[44,45]。

《国家中长期教育改革和发展规划纲要（2010—2020 年）》指出：“信息技术对教育具有革命性的影响，要用信息化带动教育的现代化。到 2020 年，基本实现教育现代化，基本形成学习型社会。”

在第二个 10 年，我国教育信息化的重点任务是全面促进信息技术与教育的融合和创新，引导教育的变革。在第二个 10 年的前 5 年左右，即应用阶段，主要还是把信息技术不断应用于课堂教学和日常管理活动之中，还未真正地全面促进信息技术与教育的融合和创新。

信息化应用阶段，要求由原来的“重建设、轻应用”向“重应用、深融合”转变，促进教育教学和信息技术的深度融合，提高了教育教学质量和人才培养质量。

2.3.2 应用阶段教育信息化政策演进

我国教育信息化经过 30 多年的发展沉淀，迎来了信息化全面应用阶段，通过信息化技术应用，不断提高了教学质量和教学效率。在教育信息化发展阶段，硬件环境得到了很好的建设，也建成了一些信息管理系统，但基本是一些信息孤岛；在信息化应用阶段，主要任务是信息系统集成和信息技术应用，主要目标是解决信息孤岛。各学校在现有的各类资源基础上，对各种资源进行有效的集成、整合与优化，实现资源共享，打破信息孤岛，将校内的各种业务流程穿接起来，实现各种应用系统的互联互通，实现公共信息在各应用系统间共享和统一，为用户提供统一的、“一站式”的服务，最终实现教育过程的全面信息化。

2011 年 1 月 11 日，在上海召开全国中等职业教育教学改革创新工作会议，这是“十二五”开局之年首个关于中等教育的会议，会议提出：“实现信息技术在中等职业教育教学中的普及和应用，推进中等职业教育教学资源信息化建设，是深化中等职业教育教学改革、提高教育质量的重要保证，也是中等职业教育信息化建设的核心。”[46]

2011 年 3 月 28~29 日，教育部办公厅主持召开教育信息化工作座谈会暨 2011 年全国电化教育馆馆长会议，该会议主要研讨该年度电教系统协同落实教育信息化建设与应用的重点及示范项目。

2011 年 7 月 13 日，教育部办公厅印发关于征求对《教育管理信息（系列）标准（征求意见稿）》修改意见的通知，“教育管理信息（系列）标准”是建设国家教育管理信息系统的重要基础，关系到各级各类教育管理信息系统未来的发展。此次主要对标准中的《教育管理基础代码》《教育管理基础信息》《教育行政管理信息》《普通中小学校管理信息》《中职学校管理信息》《高等学校管理信息》《教育统计信息》和《教育管理信息交换体系》等 8 个标准征求意见。2012 年 3 月 28 日，教育部正式印发与教育管理信息有关的《教育管理基础代码》《教育管理基础信息》《教育行政管理信息》《普通中小学校管理信息》《中职学校管理信息》《高等学校管理信息》和《教育统计信息》共 7 个教育信息化行业标准。这些标准制度对保障教育信息化健康有序发展、实现数据互通、资源共享和规范各级各类教育管理信息系统建设具有十分重要的指导意义。

为加快教育信息化进程，2011 年 8 月 26 日，教育部成立“教育部信息化领导小组”，各教育单位积极响应，纷纷成立信息化领导小组，统筹、规划、领导本单位信息化建设工作，极大地推动了我国教育信息化的发展与应用。

2012 年 2 月 6 日，教育部印发《关于开展教育信息化试点工作的通知》，提出用 4 年时间，总体完成 100 个左右区域试点和 1600 所左右学校试点（约 100 个区域综合试点，约 1000 所中小学试点，约 500 所职业院校试点，约 100 所本科院校试点以及约 60 个专项试点）。这次试点工作的开展，进一步完善了教育信息化基础设施建设，加速信息化技术在教育领域中的全面应用，加速把我国的教育信息化建设与应用提升到一个新台阶。

2012 年 3 月 13 日，教育部印发了《教育信息化十年发展规划（2011—2020 年）》，明确了全国教育信息化事业未来十年的指导思想、工作方针、发展目标、发展任务、重大工程和保障措施。在“发展目标”中指出：“到 2020 年，全面完成《国家中长期教育改革和发展规划纲要（2010—2020 年）》所提出的教育信息化目标任务，形成与国家教育现代化发展目标相适应的教育信息化体系。”“到 2020 年，基本实现所有地区和各级各类学校宽带网络的全面覆盖，实现‘校校通宽带，人人可接入’。”“用 10 年左右的时间初步建成具有中国特色的教育信息化体系，使我国教育信息化整体上接近国际先进水平，推进教育事业的科学发展。”[47]《教育信息化十年发展规划（2011—2020 年）》是我国第一个教育信息化的政策主导性规划，也是我国教育信息化建设的纲领性文件，明确了全国教育信息化事业未来十年的行动纲领和路线图，为教育行业的发展设立了科学的建设目标，同时也为教育行业信息化投资经费提供了稳定可持续性的保障，对于指导我国后续各项教育信息化建设工作具有重要意义。

2012 年 3 月 27 日，国家发改委、教育部、科技部、中科院、中国工程院、国家自然科学基金会联合印发关于《下一代互联网“十二五”发展建设的意见》的通知（以下简称《意见》）。《意见》指出：“‘十二五’期间，我国将加快推进经济结构调整和发展方式转变，加快培育和发展战略性新兴产业，推动三网融合，为发展下一代互联网提供了新的战略机遇。”“物联网、云计算、移动互联网、三网融合等新兴交互式应用将大规模发展，产业链各环节形成了对加快发展下一代互联网的迫切需求。我国亟需制定适合国情的下一代互联网技术路线和发展计划，加快培育产业链，实现互联网跨越式发展。”[48]通过下一代互联网建设，可促进新技术的发展与应用，提升我国教育信息化水平，缩小与世界先进信息化差距。

2012 年 5 月 4 日，教育部印发《关于加快推进职业教育信息化发展的意见》（以下简称《意见》），《意见》指出：“切实推进职业教育广泛、深入和有效应用信息技术，不断提升职业教育电子政务能力、数字校园水平和人才信息素养，全面加强信息技术支撑职业教育改革发展的能力，以先进教育技术改造传统教育教学，以信息化促进职业教育现代化，把信息技术创新应用作为改革和发展职业教育的关键基础和战略支撑。”[49]

2012 年 5 月 16 日，国家成立教育信息化推进工作部际协调小组。这表明党中央、国务院高度重视教育信息化，要求各部门协同推进教育信息化工作，共同推进“教育信息化建设”的实施。

2012 年 5 月 28 日，时任教育部副部长杜占元在教育信息化试点工作座谈会上指出：“要通过新的机制吸引企业等多方面力量参与到教育信息化过程中来，让大家共同参与、共同发展。教育信息化这么伟大的事情，仅仅依靠教育界内部力量去干是干不成的。”这表明，教育信息化建设需要企业共同参与，需要学校与企业开展深度的校企合作，优势互补，学校借助企业力量把教育信息化干好。

2012 年 9 月 5 日，刘延东同志在全国教育信息化工作电视电话会议讲话中提出“三通两平台”建设，即“宽带网络校校通”“优质资源班班通”“网络学习空间人人通”“建设教育资源公共服务平台”“教育管理公共服务平台”。并提出“双重革命”和“三个转变”，即“信息技术的深度应用，迫切要求教与学的‘双重革命’，加快从以教为中心向以学为中心转变，从知识传授为主向能力培养为主转变，从课堂学习为主向多种学习方式转变”，要求加快推进教育信息化的体系建设。“三通两平台”对信息化基础设施建设、数字资源建设、资源应用都作了明确要求，也是“十二五”核心目标与标志工程。

2012 年 10 月 9 日，教育部、发改委、财政部、工业和信息化部等九部委联合下发《关于加快推进教育信息化当前几项重点工作的通知》，指出：“中央财政将通过相关经费渠道进一步加大教育信息化建设投入，保证学校购买教育信息化服务的经常性支出。”

2012 年 12 月 28 日，国家教育资源公共服务平台正式上线运行，明确教育资源建设的投入机制为“基础性公益资源靠政策、优质资源靠市场”“企业竞争提供、政府评估准入、学校自主选择”“财政按生均经费投入、学校按使用支付、师生校园内免费使用”。

2012 年 12 月 31 日，教育部印发《关于成立教育部职业院校信息化教学指导委员会的通知》，目的是进一步推动职业教育教学改革与创新，提高教师教育技术应用能力和信息化教学水平，促进信息技术在教育教学中的广泛应用。

2013 年 2 月 28 日，教育部、国家发展改革委、财政部关于印发《中西部高等教育振兴计划（2012—2020 年）》的通知。在第十二条中指出：“加强信息化公共服务平台建设。加强中西部高校信息技术基础设施建设，充分利用互联网、广播电视网、移动通信网、卫星通信等载体发展现代远程教育。加强数字化教室、数字化图书馆等信息化条件建设，将东部高校和中西部中央部委直属高校的优质教学资源输送到中西部地方高校。”在第十三条中指出：“推进优质数字化资源共建共享。结合国家开放大学建设，大力推进中西部信息技术与教育深度融合。加快中西部高校信息化建设，利用现代信息技术改造传统教学，推动教学方式方法改革。建立东中西部高校之间、中西部高校之间优质数字化资源共建共享机制。国家精品视频公开课程和精品资源共享课程，向中西部高校免费开放。完善数字化教学支持、使用、评价等服务体系，促进教育信息资源与课堂教学的有机结合，加速实现各种优质教育资源的集成共享。”[50] 中西部高等教育振兴计划是国家为支持中西部地方普通高校而研究制定的计划，计划中大篇幅提到信息技术相关内容，可以看出，教育信息化建设与应用在中西部高等教育振兴计划中的重要地位。

2013 年 4 月 2 日，教育部下达了各省教育信息化“三通工程”

年度任务指导性指标和指令性指标。时任教育部副部长杜占元曾讲过："'三通工程'中，'宽带网络校校通'是基础，'优质资源班班通'是关键，'网络学习空间人人通'则是教育信息化深入应用未来的发展方向。"

2013 年 4 月 10 日，中央电化教育馆印发了《国家教育资源公共服务平台规模化应用试点实施方案》，在全国确定了 32 个试点地区，明确"在试点地区推进国家教育资源公共服务平台常态化连片应用，实现'资源班班通'和'空间人人通'，推动信息技术与教育教学的深度融合，形成网络条件下新型的教学方法和模式。"这是首次通过国家教育资源平台推动信息化应用，在全国各学校产生了广泛影响，同时也促进了各学校加大各种信息资源的推广应用力度。

2013 年 7 月 22 日，教育部、财政部、人力资源社会保障部联合印发《关于进一步加强教育管理信息化工作的通知》，指出："构建'两级建设、五级应用'体系是教育管理信息化工作的关键。两级建设是指在教育部和各省级教育行政部门分别建立国家级和省级数据中心，建设数据集中、系统集成的统一应用环境。五级应用是指各类教育管理信息系统均同步统一部署国家、省、地市、县、学校五级系统。"[51]

2013 年 9 月 2 日，教育部教育信息化推进办公室下发了《国家教育资源公共服务平台教育资源审查办法（暂行）》，要求教育资源符合国家的教育方针和相关法律法规，符合相关的技术标准和规范，符合教育教学的相关要求，鼓励社会各方面力量积极参与公共服务平台的建设与应用，推动教育资源共建共享，明确了入选国家教育资源公共服务平台的数字教育资源审查原则、程序和评价指标体系。

2013 年 10 月 28 日，教育部印发《关于实施全国中小学教师信息技术应用能力提升工程的意见》，指出："建立教师信息技术应用能力标准体系，完善顶层设计；整合相关项目和资源，采取符合信息技术特点的新模式，开展信息技术应用能力测评，以评促学，激发教师持续学习动力；建立教师主动应用机制，推动每个教师在课堂教学和日常工作中有效应用信息技术，促进信息技术与教育教学融合取得新突破。”[52]

2013年11月12日，中共十八届三中全会通过《中共中央关于全面深化改革若干重大问题的决定》，指出：“大力促进教育公平，构建利用信息化手段扩大优质教育资源覆盖面的有效机制，逐步缩小区域、城乡、校际差距，这无疑是一条促进教育均衡发展的新路径。”

2013年12月31日，教育部、国家发展改革委、财政部联合印发《关于全面改善贫困地区义务教育薄弱学校基本办学条件的意见》，在提到推进农村学校教育信息化时指出：“要逐步提升农村学校信息化基础设施与教育信息化应用水平，加强教师信息技术应用能力培训，推进信息技术在教育教学中的深入应用，使农村地区师生便捷共享优质数字教育资源。稳步推进农村学校宽带网络、数字教育资源、网络学习空间建设。要为确需保留的村小学和教学点配置数字教育资源接收和播放设备，配送优质数字教育资源。加快学籍管理等教育管理信息系统应用，并将学生、教师、学校资产等基本信息全部纳入信息系统管理。”[53]

2014年1月6日，《中国教育报》刊登题为《信息化是促进教育均衡发展重要路径》的文章，文章指出：“教育信息化的核心使命是运用现代信息技术来优化教育、教学过程，提升教学质量，大幅度提升农村薄弱地区的教育质量，缩小区域之间、校际和学生之间教育结果的不均衡，最终实现普遍均衡。”

2014年1月9日，国家发展改革委等12个部门发出通知，将信息技术在教育教学中的应用列入“国家信息惠民工程”。

2014年3月12日，教育部办公厅印发关于《2014年教育信息化工作要点》的通知，提出："加快缩小区域、城乡、校际间信息化基础设施差距，完成8.5万所中西部中小学宽带网络接入，全国80%以上中小学基本实现'宽带网络校校通'。""总结推广'一校带多点''一校带多校'的应用模式，使优质数字教育资源基本覆盖全国所有教学点和实现'宽带网络校校通'的中小学。""师生开通网络学习空间人数达到1800万人，探索利用'网络学习空间'开展教学、学习活动的有效方式。""推动各地加大教育信息化培训力度，完成150万名以上教师信息技术应用能力培训、5万名以上中小学校长信息化领导力培训。完成2000人左右县级及以上教育厅局长教育信息化专题培训。""充分发挥骨干企业和学校、教师的作用，探索建立系统推进基础性资源和个性化资源开发应用的新模式；提升教育资源公共服务平台服务能力与水平，初步形成教育资源云服务框架，国家平台形成为全国3300万名师生提供服务的能力。"[54]

2014年3月14日，中央电化教育馆印发了《2014年教育资源开发、应用和服务重点工作》的通知，提出："2014年国家教育资源公共服务平台要覆盖9500所学校、42万名教师、640万名学生。要开展资源企业资质审查、资源评审、用户应用评价，建立资源企业和资源内容认证制度，建立国家教育资源公共服务平台优质资源年度推荐和典藏制度。"[55]

2014年5月2日，国务院印发《关于加快发展现代职业教育的决定》，指出："构建利用信息化手段扩大优质教育资源覆盖面的有效机制，推进职业教育资源跨区域、跨行业共建共享，逐步实现所有专业的优质数字教育资源全覆盖。支持与专业课程配套的虚拟仿真实训系统开发与应用。推广教学过程与生产过程实时互动的远程教学。加快信息化管理平台建设，加强现代信息技术应用能力培训，将现代信息技术应用能力作为教师评聘考核的重要依据。"[56]

2014年7月1日，教育部办公厅印发《关于开展2014年度“一师一优课、一课一名师”活动的通知》，目的是通过开展“一师一优课、一课一名师”活动，力争使每位中小学教师能够利用信息技术至少上好一堂课，使每堂课至少有一位优秀教师能够利用信息技术讲授。

2014年8月21日，教育部印发《关于加强教育行业网络与信息安全工作的指导意见》，总体目标指出：“全面提高教育行业网络与信息安全意识，建立健全教育网络与信息安全工作的组织体系、管理规章和责任制度，落实国家信息安全等级保护制度，有效防范、控制和抵御信息安全风险，增强安全预警、应急处置和灾难恢复能力，提高各级教育部门和学校整体安全防护水平，形成与教育信息化发展相适应的、完备的网络与信息安全保障体系，支撑教育现代化事业健康持续发展。”[57]

2014年11月16日，教育部、财政部、国家发展改革委、工业和信息化部、中国人民银行联合印发关于《构建利用信息化手段扩大优质教育资源覆盖面有效机制的实施方案》的通知，指出：“到2015年，全国基本实现各级各类学校互联网全覆盖，其中宽带接入比例达50%以上；到2017年，全国基本实现各级各类学校宽带网络接入；到2020年建成与国家教育现代化发展目标相适应的教育信息化体系。”[58]该《方案》为我国未来6年教育信息化绘制了清晰的“施工路线图”和详细的“时间表”，是新时期我国教育信息化全方位整体部署方案。

2014年12月1~3日，中国教育学会举办了“2014年中国国际智慧教育展览会”，提出了“智慧校园”“智慧教室”“智慧教育”等概念，各地纷纷出台智慧教育的文件和规定，建立智慧教育的研究机构，实施智慧教育专门人才培养，促进了教育信息化向更高级阶段和新的形态发展。

2014年12月9日，教育部印发《关于成立教育信息化专家组的通知》，目的是全面落实教育规划纲要和教育信息化十年发展规划，加快推进教育信息化进程、保障教育信息化科学发展，充分发挥专家学者在教育信息化规划、重要政策以及重大问题上的研究、咨询、指导作用。

2015年1月15日，教育部印发《职业院校数字校园建设规范》，指出："要积极总结借鉴国内外先进经验，坚持应用驱动，把技术先进性与学校教学和管理实际需求紧密结合，突出职业教育特色，避免出现建、用'两张皮'的现象；要形成共建共享机制，将数字校园建设作为推动职业教育信息化工作的重要抓手，吸引多方力量参与，加强互联互通，解决好'信息孤岛'问题，有效提升信息使用效率与效益。"[59]这也有效地推动了职业院校数字校园建设向规范化、科学化方向发展。

2015年2月12日，教育部办公厅印发关于《2015年教育信息化工作要点》的通知，通知从多个方面阐述了2015年教育信息化工作核心目标，对优质教育资源开发与应用、网络学习空间应用覆盖面、教育资源云服务体系、重要管理信息系统的建设与应用和教师信息技术应用能力提升等方面做了明确的、量化的要求。重点强调了数字教育资源开发与应用工作。

2015年4月13日，教育部印发《关于加强高等学校在线开放课程建设应用与管理的意见》，在"重点任务"中指出："建设一批以大规模在线开放课程为代表、课程应用与教学服务相融通的优质在线开放课程；认定一批国家精品在线开放课程；建设在线开放课程公共服务平台并促进在线开放课程广泛应用。"[60]

2015年5月23日，由联合国教科文组织、中华人民共和国教育部合作举办的国际教育信息化大会在青岛开幕，这是我国举办的"首届国际教育信息化大会"，来自世界90多个国家的代表以"信息技术与未来教育变革”为主题，共同探索教育与信息技术深度融合的有效途径，研讨信息技术在教育领域更加广泛的实施应用。国家主席习近平致贺信，提出：“构建网络化、数字化、个性化、终身化的教育体系，建设‘人人皆学、处处能学、时时可学’的学习型社会。通过教育信息化，逐步缩小区域、城乡数字差距，大力促进教育公平，让亿万孩子同在蓝天下共享优质教育、通过知识改变命运。”在会议闭幕式上发布了题为“信息技术促进 2015 年后教育”的《青岛宣言》，为在全球推动信息技术在教育教学领域的广泛应用提供了行动指南。这次会议也成为我国教育信息化发展新的里程碑。

2015 年 6 月 1 日，教育部办公厅印发《关于开展 2015 年国家级虚拟仿真实验教学中心建设工作的通知》，指出：“虚拟仿真实验教学依托虚拟现实、多媒体、人机交互、数据库和网络通信等技术，构建高度仿真的虚拟实验环境和实验对象，学生在虚拟环境中开展实验，达到教学大纲所要求的教学目的。”[61]

2015 年 7 月 27 日，教育部印发《关于深化职业教育教学改革、全面提高人才培养质量的若干意见》，在第二十二条中指出：“提升信息化教学能力。要加强区域联合、优势互补、资源共享，构建全国职业教育教学资源信息化网络；广泛开展教师信息化教学能力提升培训，不断提高教师的信息素养；组织和支持教师和教研人员开展对教育教学信息化的研究；继续办好信息化教学大赛，推进信息技术在教学中的广泛应用。”[62]

2015 年 8 月 28 日，教育部印发《职业院校管理水平提升行动计划（2015—2018 年）》的通知，指出：“加快信息化技术系统建设，建立健全信息化管理机制，增强信息化管理素养和能力，促进信息技术与教育教学的深度融合。”[63]

2015 年 8 月 31 日，国务院印发《促进大数据发展行动纲要》，国家战略部署教育大数据和教育“互联网+”，对教育大数据进行了

“顶层设计”与规划，在重点实施的公共服务大数据工程中，确定建设教育文化大数据，将加强专业人才培养作为要建设的大数据的七大政策机制之一[64]。

2015年9月1日，教育部办公厅印发《关于“十三五”期间全面深入推进教育信息化工作的指导意见（征求意见稿）》。在“核心目标”中指出：“到2020年，基本建成‘人人皆学、处处能学、时时可学’，与国家教育现代化发展目标相适应的教育信息化体系；基本实现教育信息化对学生全面发展的促进作用、对深化教育领域综合改革的支撑作用和对教育创新发展、均衡发展、优质发展的提升作用；基本形成具有国际先进水平、信息技术与教育融合创新发展的中国特色教育信息化发展路子。”[65]

2015年11月19日，第二次全国教育信息化工作电视电话会议召开。刘延东副总理指出：“‘十二五’以来，教育信息化成绩显著，‘宽带网络校校通’‘优质资源班班通’‘网络学习空间人人通’三项工程取得突破性进展，教育资源和教育管理两大平台广泛应用，有力促进了教育改革和发展。我们可以自豪地说，中国的教育信息化确实走在了世界的前列。”

2015年12月27日，第十二届全国人大常委会第十八次会议表决通过《关于修改〈中华人民共和国教育法〉的决定》，将“国家推进教育信息化，加快教育信息基础设施建设，利用信息技术促进优质教育资源普及共享，提高教育教学水平和教育管理水平”写入《中华人民共和国教育法》[64]。

2016年2月2日，教育部印发《2016年教育信息化工作要点》的通知，提出：“通过政府购买服务、后补助等方式，鼓励企业和社会机构根据教育教学改革方向和师生教学需求，开发一批专业化教学应用工具软件，并通过教育资源平台提供资源服务，推广普及应用。”[66]纵观2016年教育信息化工作要点，主要还是进一步加强教育信息化资源建设与应用。

2016 年 3 月 22 日，教育部办公厅印发《教育信息化项目管理暂行办法》的通知，对教育信息化项目的组织管理、立项、执行、验收提出了明确的要求。

2016 年 6 月 7 日，教育部印发《教育信息化“十三五”规划》的通知，在“发展目标”中指出：“到 2020 年，基本建成‘人人皆学、处处能学、时时可学’，与国家教育现代化发展目标相适应的教育信息化体系；基本实现教育信息化对学生全面发展的促进作用、对深化教育领域综合改革的支撑作用和对教育创新发展、均衡发展、优质发展的提升作用；基本形成具有国际先进水平、信息技术与教育融合创新发展的中国特色教育信息化发展路子。”“全面完成教育规划纲要、教育信息化十年发展规划和教育部、财政部、国家发展改革委、工业和信息化部、中国人民银行《构建利用信息化手段扩大优质教育资源覆盖面有效机制的实施方案》的发展目标，基本实现各级各类学校宽带网络全覆盖与网络教学环境全覆盖，优质数字教育资源服务基本满足信息化教学需求和个性化学习需求，网络学习空间应用普及，实现‘一生一空间、生生有特色’，教育管理信息化水平显著提高。”要求“应用上台阶、治理上水平、安全有保障。”[67]

2016 年 7 月，中共中央办公厅、国务院办公厅印发了《国家信息化发展战略纲要》，这是根据新形势对《2006—2020 年国家信息化发展战略》的调整和发展，是规范和指导我国未来 10 年国家信息化发展的纲领性文件。

2016 年 12 月 14 日，教育部成立教育管理信息化专家组，主要任务是对教育管理信息化发展战略、方针政策、项目规划、技术规范等提出咨询建议；协助制订、完善教育管理信息化管理制度、技术规范；协助开展教育管理信息化相关立项评审、项目验收、绩效评估等工作，为相关单位教育管理信息化工作提供技术咨询与指导；开展教育管理信息化相关战略研究工作，提出政策建议[68]。

2016年12月15日，国务院印发《“十三五”国家信息化规划》，这是“十三五”国家规划体系的重要组成部分，是指导“十三五”期间各地区、各部门信息化工作的行动指南。

2016年12月27日，经中央网络安全和信息化领导小组批准，国家互联网信息办公室发布《国家网络空间安全战略》，在“目标”中提出：“以总体国家安全观为指导，贯彻落实创新、协调、绿色、开放、共享的发展理念，增强风险意识和危机意识，统筹国内国际两个大局，统筹发展安全两件大事，积极防御、有效应对，推进网络空间和平、安全、开放、合作、有序，维护国家主权、安全、发展利益，实现建设网络强国的战略目标。”[69]这也对教育领域网络空间安全提出了要求和新的任务。

2017年1月25日，教育部办公厅印发《2017年教育信息化工作要点》的通知，通知指出“2017年基本实现具备条件的学校互联网全覆盖、网络教学环境全覆盖，接入带宽10M以上的中小学比例达到70%，多媒体教室占普通教室比例达到80%，普通教室全部配备多媒体教学设备的学校比例达到60%。加快推进中小学‘宽带网络校校通’、推动数字校园和智慧校园建设、深化数字教育资源开发与应用、大力推进‘网络学习空间人人通’、促进信息技术与教育教学融合发展”等[70]。

2017年7月11日，教育部办公厅印发《关于2017—2020年开展示范性虚拟仿真实验教学项目建设的通知》，指出：“建设示范性虚拟仿真实验教学项目，推动高校积极探索线上线下教学相结合的个性化、智能化、泛在化实验教学新模式，形成专业布局合理、教学效果优良、开放共享有效的高等教育信息化实验教学项目示范新体系，支撑高等教育教学质量全面提高。”[71]这表明新技术逐渐进入教学活动中。

2017 年 8 月 31 日，教育部印发《关于进一步推进职业教育信息化发展的指导意见》，指出："到 2020 年，全面完成《教育信息化"十三五"规划》提出的目标任务。基础能力明显改善，落实'三通两平台'建设要求，90%以上的职业院校建成不低于《职业院校数字校园建设规范》要求的数字校园。"[72]

2.3.3 应用阶段教育信息化主要特点

2.3.3.1 教育信息化全面应用

将 ICT（Information and Communication Technology）即信息和通信技术全面应用到教育教学和日常管理活动之中。信息技术贯彻于整个教育教学过程，实现了信息化在教育行业中的全面应用。

2.3.3.2 信息系统集成化

教育信息化经过 10 年左右的迅速发展，建成了大量的信息系统，但也形成了大量的信息孤岛，于是系统集成应运而生。通过建设公共数据中心、利用数据交换技术进行系统集成，实现了单点登录，实现了"一站式"服务功能，方便用户访问使用，便于信息系统推广应用。

2.3.3.3 在线学习日常化

通过网络精品课程建设、教学资源管理平台建设等，建成了大量的网络课程资源，学生的学习不再受时空限制，可随时随地在线视频学习，基本实现国家主席习近平提出的"构建网络化、数字化、个性化、终身化的教育体系，建设'人人皆学、处处能学、时时可学'的学习型社会"。

2.3.3.4 新技术层出不穷

在应用阶段，出现了大量新技术，如云计算技术、大数据技术、物联网技术、移动互联技术、虚拟技术、人工智能技术、3D 打印技术等。虽然很多新技术还处在研究试用阶段，但这些新技术的研发将为我国教育信息化升级换挡作好理论积累和技术储备。

2.3.3.5 资源建设与应用并重

在信息化发展阶段，教育信息化主要还停留在资源建设中，存在“重建设，轻应用”的现象，但进入信息化应用阶段，无论是国家层面还是各级地方教育主管部门，都出台了大量的政策文件鼓励各级学校加快信息资源的推广应用，这个时期，呈现出资源建设与应用并重的局面，并逐渐向“重应用、深融合”方面发展。

2.3.4 应用阶段教育信息化主要影响

2.3.4.1 政策对教育信息化的影响

随着《国家中长期教育改革和发展规划纲要（2010—2020 年）》《教育信息化十年发展规划（2011—2020 年）》和《教育信息化“十三五”规划》等一系列重要文件的发布，明确了我国教育信息化未来 10 年的发展目标、发展方向和实现途径；明确提出以教育信息化带动教育现代化，成为国家教育发展的战略共识。

2.3.4.2 教育信息化对教育教学改革的影响

教育信息化全面应用，促进了学校教育教学改革，加快了课堂教学方式变革，打破了传统的教学模式和学习模式，促进教育从以教师的“教”为中心向以学生的“学”为中心的思想转移。网络课程建设越来越突出以学生为本位的驱动发展模式。通过网络空间和数字资源建设应用，逐步实现了“人人皆学、处处能学、时时可学”的学习型社会，教育信息化全面应用对构建终身教育体系发挥了积极作用。

2.3.5 应用阶段教育信息化主要成果

2.3.5.1 教育信息化试点工作加速信息化技术在教育领域中的全面应用

教育部印发《关于开展教育信息化试点工作的通知》，计划用 4 年时间，总体完成 100 个左右区域试点和 1600 所左右学校试点。这次试点工作的开展，将进一步完善教育信息化基础设施建设，加速信息化技术在教育领域中的全面应用，加速把我国的教育信息化提升到一个新台阶。

2.3.5.2 “教育信息化十年发展规划”明确未来十年我国教育信息化发展方向

教育部印发了《教育信息化十年发展规划（2011—2020 年）》，这是我国第一个教育信息化的政策主导性规划，也是我国教育信息化建设的纲领性文件，对于指导我国后续各项教育信息化建设工作具有重要意义。

2.3.5.3 “三通两平台”实现我国教育信息化跨越式发展

以“三通两平台”（宽带网络校校通、优质资源班班通、网络学习空间人人通、教育资源公共服务平台、教育管理公共服务平台）为主要标志的各项工作取得了突破性进展。学校网络教学环境大幅改善，全国中小学校互联网接入率达 87%，多媒体教室普及率达 80%；高等院校互联网接入率达 100%。优质数字教育资源日益丰富，信息化教学日渐普及；全国 6000 万名师生已通过“网络学习空间”探索网络条件下的新型教学、学习与教研模式；各级各类教育信息化也都取得丰硕成果，基础教育、职业教育、高等教育和继续教育等领域结合各自需求，在扩大资源覆盖面、促进教育公平和提高教育教学质量等方面涌现出一批利用信息技术解决教育改革发展问题的应用典型，教育信息化对教育改革发展的支撑引领作用日益凸显。

2.3.5.4 系统集成助推教育信息化全面应用

教育信息化经过 10 年左右的迅速发展，建成了大量的信息系统，但也形成了大量的信息孤岛，为了方便用户访问使用，便于信息系统推广应用，于是系统集成应运而生。

信息系统集成主要从以下几方面进行：

（1）共享数据层建设。主要对部门级业务数据进行抽取、综合和归类。这一层的目标是集成全局性信息，支持全校性的共享、分析和互操作，通过数据交换平台，使各应用系统能在应用和数据层面形成一体，实现数据共享、集成和利用。

（2）应用支撑层建设。提供统一和规范的基础服务工具，如报表工具、主题查询工具等，统一技术标准，保证应用系统的快速开发和部署。通过统一身份认证平台，实现用户、认证和权限的统一管理。

（3）应用服务层建设。应用服务层建设是学校的各种应用系统，覆盖了学校教学、科研、管理、服务等各个领域，是信息化校园成果的最终体现。

（4）服务展现层建设。主要通过统一信息门户网站来体现和实施。门户网站是各应用系统的入口，可以实现单点登录、统一身份认证，体现平台共享、个性化、交互式的特点。

学校以现有的各类资源为基础，对各种资源进行有效的集成、整合与优化，实现资源共享，打破信息孤岛，为学校师生员工及校外用户提供统一的、“一站式”的服务；将校内的各种业务流程穿接起来，实现各种应用系统的互联互通；实现公共信息在各应用系统间共享和统一，构建高效与科学的信息资源服务和保障体系，最终实现教育过程的全面信息化。

（5）数字资源全覆盖，促进教育公平。通过资源库建设，利用网络实现资源共享，通过信息技术将教学资源在教学点层面上进行全覆盖，促进边远地区和农村的教与学，实现了全国教学点的数字资源全覆盖，促进了教育公平。

（6）加强教师信息技术能力培训，提升教育信息化应用水平。教育信息化的关键在教师，国家制定了不同层次的教师信息技术能力培养计划，实现了大规模提升教师的教育信息技术能力和教育信息化应用水平。

2.3.6 应用阶段教育信息化主要技术

教育信息化全面应用阶段主要从 2011~2017 年，在国家政策的大力支持下，各地网络基础设施建设取得了巨大成效，随着网络技术的不断升级，接入带宽不断提速，很多学校都建成了百兆网络、千兆网络，甚至万兆网络。网速的大幅提升，为各种数字资源在网络上通畅传输提供了条件。这个阶段，计算机技术、网络通信技术、多媒体技术、软件技术等信息技术得到了进一步的发展和广泛应用。

应用阶段是“互联网+”的时代。国务院发布的《关于积极推进“互联网+”行动的指导意见》，涉及各行各业，如“互联网+”教育创新计划、“互联网+”创业创新、“互联网+”协同制造、“互联网+”现代农业、“互联网+”智慧能源、“互联网+”普惠金融、“互联网+”益民服务、“互联网+”高效物流、“互联网+”电子商务、“互联网+”便捷交通、“互联网+”绿色生态、“互联网+”人工智能等。说明我国已由教育信息化阶段迈进数字化阶段，即“互联网+”教育时代。

教育信息化应用阶段也催生了一些新技术的出现，如云计算技术、大数据技术、物联网技术、移动互联技术、虚拟技术、人工智能技术、3D 打印技术等。虽然这些新技术在此阶段并未全面应用，很多新技术都还处在研究阶段，但这也为我国教育信息化从 1.0 升级到 2.0 进行了理论积累和技术知识储备。

2.3.7 应用阶段教育信息化主要应用

2.3.7.1 资源建设与应用

信息化全面应用阶段中“资源建设”和“资源应用”是这一阶段的主题词。在这个阶段，我国在不断地加强网络资源教育体系建设，提倡、鼓励各级各类学校开发开放式的教育资源，以实现优质资源共享共用。在资源建设过程中，又对资源应用提出新要求，因为资源的有效应用才是教育信息化发展的根本目的。

2.3.7.2 技术创新应用与教育教学改革全面融入

信息化全面应用阶段是将现代信息技术全面融入教育教学改革的阶段，它极大地推动了技术创新，促进了信息化教学，如虚拟现实技术、数字仿真技术、云计算技术、在线学习平台、在线教学监测等新技术得到广泛应用。信息化发展阶段是对数字化教学设施技术、教育支撑软件开发平台、教学标准评测认证机制等方面的创新，然而信息化应用阶段则是在前一阶段的基础上对技术、平台与机制等方面进行融合创新，从而提高教育教学的效能，全面促进教育教学改革，以适应现代信息化背景下的现代化教育教学需求[12]。

3 教育信息化 2.0

2017 年 11 月 2 日，时任教育部副部长杜占元在“教育大数据应用技术国家工程实验室”成立启动会上指出：“我国教育信息化将进入 2.0 时代。”2018 年 4 月 13 日，教育部印发《教育信息化 2.0 行动计划》，正式提出教育信息化 2.0，从此，我国的教育信息化由 1.0 升级到 2.0。

3.1 教育信息化 2.0 阶段发展状况

我国教育信息化升级到 2.0，资源建设与应用、技术应用等各方面都将发生大的转变。信息化建设由应用驱动向创新驱动转变；资源建设从专用资源向共享资源转变；学生从信息技术应用能力提升向信息技术素养提升转变；从应用整合发展向创新整合发展转变；从系统集成应用向智慧化应用转变。

教育部发布《2018 年 12 月教育信息化和网络安全工作月报》，“三通工程”进展数据显示：“全国中小学中，96.7%学校实现网络接入，配备多媒体教学设备普通教室 333 万间，92.3%的学校已拥有多媒体教室，其中 71.2%的学校实现多媒体教学设备全覆盖；学校统一配备的教师终端、学生终端数量分别为 946 万台和 1372 万台，开通网络学习空间的学生、教师分别占全体学生和教师数量的 47.7%、63.7%。”优质教育资源共建共享方面：“2018 年度整合开发的小学6年级英语、科学、美术、音乐共4个学科、各个版本共计342学时的数字教育资源。'爱课程'网中国大学MOOC移动终端累计下载安装1795万人次，平台在授课程6369门次。”教育资源公共服务体系方面：“截至12月底，国家教育资源公共服务平台已开通教师空间1252万个、学生空间605万个、家长空间556万个、学校空间40万个。”[73]

教育信息化2.0时代，是实现现代信息技术与教育教学深度融合，推动教育深层次改革创新的时代；是实现现实世界教学与虚拟世界教学相融合的时代；是基于现代信息化技术真正校企融合的时代；是大数据、物联网、虚拟化、人工智能、区块链等技术迅猛发展的时代。

教育信息化2.0时代，将推动教育教学全面改革创新。将教师为中心、课堂为中、教材为中心、考试为中心转变为学生为中心、学为中心、能力培养为中心、过程评价为中心，这将彻底改变教学模式与学习模式。

3.2 教育信息化2.0阶段政策演进

2018年1月31日，教育部印发《教育部2018年工作要点》的通知，指出：“深入推进教育信息化。启动教育信息化2.0行动计划，实施宽带卫星联校试点行动、大教育资源共享计划、百区千校万课信息化示范工程、网络扶智工程，推进智慧教育创新示范，普及推广网络学习空间应用。加强基础教育信息化顶层设计，更好服务师生和教育管理工作。实施农村中小学数字教育资源全覆盖项目，倡导网络校际协作，启动探索基于信息技术新型教学模式试点。推进职业教育专业教学资源库建设与应用。认定首批国家精品在线开放课程，实施信息技术与教育教学深度融合的变轨超车工程，推进高等学校课堂革命。”[74]

2018年2月11日，教育部办公厅印发关于《2018年教育信息化和网络安全工作要点》的通知，指出："加强对教育系统网络安全和信息化工作的统筹协调，完善顶层设计，出台教育信息化2.0行动计划。启动实施智慧教育创新引领行动和百区千校万课示范行动，支持设立5个以上'智慧教育示范区'，组建若干区域性、校际教育信息化创新实践共同体。基本实现各级各类学校互联网接入和提速，接入带宽10M以上的中小学比例达到80%，多媒体教室占普通教室比例达到90%，拥有多媒体教室的学校比例达到90%。"[75]

2018年2月11日，教育部、国家发展改革委、财政部、人力资源社会保障部、中央编办五部门印发《教师教育振兴行动计划(2018—2022年)》的通知，指出："开展'互联网+教师教育'创新行动。充分利用云计算、大数据、虚拟现实、人工智能等新技术，推进教师教育信息化教学服务平台建设和应用，推动以自主、合作、探究为主要特征的教学方式变革。"[76]

2018年4月13日，教育部印发《教育信息化2.0行动计划》的通知，在"基本目标"中指出："通过实施教育信息化2.0行动计划，到2022年基本实现'三全两高一大'的发展目标，即教学应用覆盖全体教师、学习应用覆盖全体适龄学生、数字校园建设覆盖全体学校，信息化应用水平和师生信息素养普遍提高，建成'互联网+教育'大平台，推动从教育专用资源向教育大资源转变、从提升师生信息技术应用能力向全面提升其信息素养转变、从融合应用向创新发展转变，努力构建'互联网+'条件下的人才培养新模式、发展基于互联网的教育服务新模式、探索信息时代教育治理新模式。"[77]《教育信息化2.0行动计划》的发布具有划时代意义，标志着我国教育信息化从1.0进入到2.0阶段。

2018年4月16日，教育部发布《中小学数字校园建设规范

(试行)》的通知，指出："数字校园建设应坚持'深化应用，整合创新'的基本思想，采用云服务模式统一规划、分步实施，以促进区域教育的均衡发展和学校教育的质量提升。"

2018年5月30日，教育部印发《开展国家虚拟仿真实验教学项目建设工作》的通知，该项目是推进现代信息技术融入实验教学项目、拓展实验教学内容广度和深度、延伸实验教学时间和空间、提升实验教学质量和水平的重要举措。

2018年8月8日，教育部、财政部、国家发展改革委联合印发《关于高等学校加快"双一流"建设的指导意见》的通知，通知在"形成高水平人才培养体系"中指出："推动信息技术、智能技术与教育教学深度融合，构建'互联网+'条件下的人才培养新模式，推进信息化实践教学，充分利用现代信息技术实现优质教学资源开放共享，全面提升师生信息素养。"[78]

2018年9月30日，教育部办公厅发布《关于做好2018年度教育信息化教学应用实践共同体项目推荐遴选工作的通知》，为落实《教育信息化"十三五"规划》和《教育信息化2.0行动计划》的要求，积极推进"互联网+教育"发展，组建一批信息化教学应用实践共同体，开展教育信息化教学应用模式的实践探索。

2018年11月8日，教育部印发《关于完善教育标准化工作的指导意见》，在"教育信息化标准"中指出："研制教育信息化设施与设备标准、软件与数据标准、运行维护与技术服务标准、教育网络安全标准、教育信息化业务标准、在线教育和数字教育资源标准、教师信息技术应用能力标准、学生信息素养评价标准。"[79]

2018年12月12日，教育部印发《关于加强网络学习空间建设与应用的指导意见》，在"主要任务"中指出："一是整体推进网络学习空间建设，全面实现‘一人一空间’；二是发挥空间主渠道作用，优化教育资源配置。通过构建名师工作室、虚拟工厂、学习共同体等方式，开展跨班级、跨学校、跨区域的开放式共享服务；三是推动管理者率先应用，促进教育治理现代化；四是组织教师创新应用，实现教学应用常态化。要利用空间突破课堂时空界限，实施项目式教学、探究式教学、混合式教学等新模式，利用空间进行学习评价和问题诊断，开展差异性和个性化教学与指导，促进教育公平，提高教育质量；五是加强典型区域和学校培育，促进空间应用推广普及。”[80]

2019 年 1 月 25 日，教育部科技司发布《2018 年 12 月教育信息化和网络安全工作月报》，指出：“截至 2018 年 4 季度末，全国中小学中，96.7%学校实现网络接入，配备多媒体教学设备普通教室 333 万间，92.3%的学校已拥有多媒体教室，其中 71.2%的学校实现多媒体教学设备全覆盖；学校统一配备的教师终端、学生终端数量分别为 946 万台和 1372 万台，同比上季度分别增长 2.8%和 3.9%，开通网络学习空间的学生、教师分别占全体学生和教师数量的 47.7%、63.7%。”

2018 年 12 月 8 日，全国高等学校教学研究中心、高等教育出版社爱课程中心在吉林长春召开“在线开放课程建设与应用研讨会”。“爱课程”网新增注册用户 8.9 万人、新增客户端用户 1990 人次，“爱课程”网中国大学 MOOC 移动终端累计下载安装 1795 万人次，平台在授课程 6369 门次，新增素材 7.5 万条、新增报名 454 万人次。

截至 2018 年 12 月底，国家教育资源公共服务平台已开通教师空间 1252 万个、学生空间 605 万个、家长空间 556 万个、学校空间 40 万个。继续推进试点区域平台接入国家数字教育资源公共服务体系，已接入上线平台 73 个，其中省级平台 19 个、市级平台 28 个、区县级平台 26 个，汇聚优质数字教育资源应用 94 个[81]。

3.3 教育信息化 2.0 阶段主要特点

3.3.1 教育信息化全面融合与创新

教育信息化经历起步、发展、应用的 1.0 时代，教育信息化基础设施基本建成，教育信息化资源日益丰富，教育信息化建设模式日益完善，教育信息化新技术得到了广泛应用，教育信息化各方面都取得了显著成绩，也为我国教育信息化进入 2.0 时代积累了丰富经验和坚实的基础。教育信息化进入 2.0 时代，一个主要的特点就是信息技术与教育教学深度融合与创新，以教育信息化全面推动教育现代化，由此我国的教育信息化进入“融合”与“创新”的新阶段。

3.3.2 教育专用资源开发应用向教育大资源开发应用转变

《教育信息化 2.0 行动计划》明确指出要建成“互联网+教育”大平台，推动从教育专用资源向教育大资源转变，从服务于个别环节和对象向服务于育人全过程转变，不断完善教育资源公共服务体系，加快普及网络学习空间应用，构建个性化、网络化、数字化、智能化的终身教育与学习体系，逐步建立起学习型社会，以支撑教育改革发展。

3.3.3 教育信息化逐渐走向教育智能化

教育信息化 2.0 阶段将是新技术广泛应用的阶段，大数据、人工智能、云计算、虚拟技术等新技术快速发展应用，使教育信息化更加突出“智能化”特点。教育部科学技术司司长雷朝滋在《教育信息化从 1.0 走向 2.0——新时代我国教育信息化发展的走向与思路》文章中指出：“建设泛在开放的学习环境，提供丰富的数字教育资源，构建处处能学、时时可学的智能化平台。”

3.4 教育信息化 2.0 阶段主要影响

3.4.1 促进教育改革发展

我国教育信息化从“建设”驱动全面向“应用”驱动转变，特别是“互联网”+教育、大数据、虚拟技术、人工智能、云计算等技术的创新应用，给教育行业在教育教学模式、学习模式带来了前所未有的革命性影响。国家推行“三通两平台”工程，有力促进了教育改革和发展。原教育部副部长杜占元指出：“教育信息化必将带来教育理念的创新和教学模式的深刻革命，教育信息化是教育现代化的基本内涵和显著特征，是信息时代教育改革发展的必由之路。教育信息化必将带来教育理念的创新和教学模式的深刻革命。”[82]

3.4.2 促进教育资源观转变

在教育信息化 2.0 阶段，人们的教育资源观发生了转变，不再局限于教育专用资源建设，而是更重视基于“互联网+”的大资源观；不再局限于知识数字化、平面资源立体化的简单构建，更关注知识图谱，建立知识之间的关联关系，在对学生灌输知识的同时启迪学生的智慧。

3.4.3 促进教育治理水平转变

以前的教育治理模式是“补救型”，是出现问题后再采取措施治理问题，没有突出教育治理现代化。在信息化时代，需要转变以前落后的教育治理方式，积极探索适应信息时代的教育治理模式。通过构建完善的教育信息化环境，加强教育行业标准建设，建立健全科学的监管机制，加快建成学校、学生、教学全过程管理与监控体系，建立基于大数据的教育治理模式。

3.5 教育信息化2.0阶段主要成果

3.5.1 对教育信息化地位和作用的全新定位

教育部2018年4月13日发布的《教育信息化2.0行动计划》具有里程碑意义，标志着我国教育信息化由1.0时代迈进2.0时代，计划指出“将教育信息化作为教育系统性变革的内生变量，支撑引领教育现代化发展”，这是自《国家中长期教育发展规划纲要（2010—2020年）》中提出“信息技术对教育发展具有革命性影响”诊断之后又一对个教育信息化地位和作用的全新定位。

3.5.2 加速推进智慧校园建设，开启教育智能新时代

2014年12月，中国教育学会举办了“2014年中国国际智慧教育展览会”，开始提出“智慧校园”“智慧教室”“智慧教育”等概念，智慧校园是数字校园发展到一定时期的高级形态，是数字校园发展的必由之路。智慧校园的建设进一步促进了教育信息化融合与创新，在教育教学过程中加大了对大数据、云计算、物联网、虚拟技术、人工智能等新技术的应用。各级各类学校都在逐渐建成和完善生态型智慧教育体系，把“智慧”二字真正融入教育教学全过程。智慧校园建设助力实现教育现代化，也开启了教育智能新时代。

3.6 教育信息化2.0阶段主要技术

教育信息化2.0阶段是以大数据为基础的云技术、虚拟技术、物联网、移动互联、3D打印、人工智能等各种新技术广泛应用的时代。虽然在教育信息化1.0应用阶段，就出现了如大数据、云计算、物联网、移动互联、虚拟技术、人工智能、3D打印等新技术，但这个阶段各种新技术主要还处于理论研究和技术探索中，处于技术萌芽期，还未真正广泛地应用于教育教学。随着教育信息化的迅猛发

展以及信息化全面应用，特别是进入教育信息化 2.0 阶段，技术创新成为这个阶段的主要特点。在智慧校园建设有力推动下，各级各类学校在智慧教育教学、智慧教室、智慧课堂、智慧管理、智慧科研等方面取得了巨大成绩，大量新技术和智能技术应用于教学、管理、科研与服务过程中。

3.7 教育信息化 2.0 阶段主要应用

3.7.1 大数据技术应用

随着现代信息技术的快速发展，产生了海量的数据，数据间关系繁杂，联系不明显，并在一定时间内难以捕捉、管理与应用，需要采用新的处理模式才能发挥数据的价值。海量数据分析、处理与应用已经成为各行业数据分析的热点。大数据分析是通过研究大量的数据从中寻找模式、相关性和其他有用的信息，可以帮助学校更好地适应变化，并做出更明智的决策。大数据主要类型一般包括结构化数据、非结构化数据、实时数据等。大数据需要特殊的技术来对其进行分析与处理。适用于大数据的技术主要包括大规模并行处理（MPP）数据库、数据挖掘、分布式文件系统、分布式数据库、云计算平台、互联网和可扩展的存储系统等。

在教育教学过程中，通过对学生大数据分析，可以分析学生的行为轨迹、学业状况、心理健康、安全事件预测（如学业问题预警、不良习惯预警、沉迷网络预警、日常活动异常预警等）。通过建立合理的预测模型，真实地对学生在校学习期间的不良行为进行及时纠正，让学生取得更好的学习成绩；通过对教师大数据分析，可以分析教师的授课实施轨迹、作业处理情况、教学评价分析、教学预警等。通过真实的数据反映，及时纠正教师的教学行为，让教师在教学过程中不断成长，不断积累教学经验、不断提高教学质量；通过对学校管理大数据分析，可以分析学校的办学水平、管理水平、存在的差距、学校异常行为预警。通过科学的数据呈现，让学校管理者清楚学校的不足之处，采取及时的补救措施，提高学校的办学水平与办学质量，促进教学质量的提高。

3.7.2 虚拟化技术应用

在计算机领域，所谓虚拟化技术主要指计算机元件在虚拟的基础上运行，虚拟化技术允许在一个平台上同时运行多个操作系统，虚拟服务器能在不同物理主机之间快速移植，简化了软件的配置过程、均衡了负载、方便了维护、提高了计算机工作效率。在虚拟机技术中，安装虚拟机监视器（Virtual Machine Monitor）作为虚拟层，这样就不需要再对底层硬件资源进行划分，也不涉及操作系统内核，通过虚拟层，可以给每个虚拟机模拟一套独立的硬件设备，如 CPU、内存、主板、显卡、网卡等硬件资源，对用户来说，操作虚拟机跟操作物理机没有任何区别。虚拟技术在各学校信息化建设中广泛应用，虚拟技术的应用确实为各学校降低了建设成本，提高了管理效率，提升了服务水平，推进了信息化各方面的应用。

3.7.3 云计算技术应用

云计算是利用互联网技术，按服务方式提供动态可伸缩的虚拟化资源的计算模式。利用虚拟化技术可以把各种 IT 资源进行合并与再合并，形成巨大的资源池，按需为用户提供特定的功能或服务。在云技术中，虚拟化是所有云架构的基础性技术，通过虚拟化可按需分配各种 IT 资源，虚拟化资源在云中无处不在。云按建设方式可分为公有云、私有云和混合云。公有云通常是由第三方提供商为学校提供的能够使用的云，公有云一般可通过互联网访问，成本一般较低廉。对于学校来说，数据非常重要，特别是一些敏感数据、不宜公开的数据，为了数据安全，这类数据不宜放在公有云上，因此学校大都构建有自己的私有云，资源放在学校内部。私有云一般有防火墙的保护，数据更加安全。当然，还有些学校会根据自身状况、业务需求、数据重要程度，构建混合云模式，可以公开的信息放在公有云上，不宜公开的数据放在私有云上，实现资源利用最大化、成本使用最小化。由于云计算服务具有可靠的、安全的数据存储中心，可实现数据共享，方便用户访问，因此被各类学校广泛应用。

3.7.4 虚拟仿真技术应用

虚拟仿真技术是用一个系统模仿另一个真实系统的技术，是一种可创建和体验虚拟世界的计算机系统。教学中，通过应用三维仿真课件、虚拟仿真系统，学生借助视觉、听觉及触觉等多种传感通道与虚拟世界进行自然的交互，可使教学活动更加精彩有趣，更能吸引学生的兴趣。通过虚拟仿真教学，可以把一些枯燥的、难于在课堂上演示的知识通过虚拟仿真技术与现实应用完美结合起来。

2015 年 6 月 1 日，教育部办公厅印发《关于开展 2015 年国家级虚拟仿真实验教学中心建设工作的通知》，2017 年 7 月 11 日，教育部办公厅印发《关于 2017—2020 年开展示范性虚拟仿真实验教学项目建设的通知》，2018 年 5 月 30 日，教育部印发《开展国家虚拟仿真实验教学项目建设工作》的通知，由此可以看出，国家层面对各级各类学校实现课堂使用虚拟仿真教学的重视程度，通过国家一系列虚拟仿真项目建设，大大促进了各级各类学校使用虚拟仿真教学建设与应用的步伐。

4 教育信息化发展未来展望

我国教育信息化经过40年的建设与发展，基础设施建设与信息资源建设都取得了巨大成就，现已从1.0时代升级到2.0时代，这是我国教育信息化在发展理念与建设模式上的一次飞跃。在国家大力推动和政策文件指导下，教育信息化在各级各类学校中得到了全面应用，利用现代信息技术，学生的学习不再受时空限制，可随时随地在线学习；教师的教学也不再受时空限制，可随时随地在线对学生进行互动、辅导，实时监控学生学习进度和学习动态，利用信息化手段降低了教育成本，提高了教学质量。

关于教育信息化的未来展望，随着“数字校园”建设向“智慧校园”建设升级，未来的教育信息化必将围绕“智慧”“智能”“大资源”“大共享”方向发展。

4.1 我国教育信息化从“跟跑”转向“并跑”甚至“领跑”

在过去很长一段时间里，我国都在积极主动地向发达国家学习，通过参加与主办国际教育信息化大会拉近与发达国家的距离，希望通过信息技术改造我国的教育教学。在教育信息化“起步阶段”和“发展阶段”，我国教育信息化处于“跟跑”阶段。

改革开放40年，我国的教育信息化也经历了40年的发展，从“基础设施建设”到“资源应用建设”再到“融合创新”转变，我国的教育信息化建设已取得了辉煌成就。特别到了“应用阶段”，我国的教育信息化建设已积累了丰富的经验，教育信息化建设与应用接近国际先进水平，经过不断实践与创新，形成具有中国特色的教育信息化发展模式，为世界提供了中国教育信息化解决方案。信息化“应用阶段”，我国的教育信息化从“跟跑”阶段转向“并跑”阶段。

随着《教育信息化 2.0 行动计划》的颁布，标志着我国教育信息化进入 2.0 阶段，这也为我国教育信息化改革发展指明了新方向。“融合创新”是该阶段发展的主题，智慧校园建设促进大量具有自主知识产权的新技术发展应用，孵化出大量具有创新性的优质教育信息化解决方案产生，我国的教育信息化发展模式走出了国门，与世界进行平等对话，可供发展中国家和发达国家借鉴。教育信息化 2.0 阶段，我国的教育信息化必将由“并跑”阶段转向“领跑”阶段。

4.2 智慧教育推进教育资源均衡化发展

我国人口基数大，城市地区与农村地区、沿海地区与内陆地区、东部地区与西部地区的经济发展水平不同，教育资源不平衡是制约我国教育发展的主要因素。传统教育教学方式在短时间内难以消除教育资源不平衡问题，唯有通过教育信息化，实现优质资源共享共用，消除地域差异，实现教育精准扶贫，以教育信息化促进教育公平。

智慧教育将有利于促进大资源建设、大资源共享，促进教育资源的优化配置，促进资源传播应用，推进教育资源基本走向均衡发展。

4.3 智慧教育促进教育体制改革创新

基于大数据、虚拟化、人工智能等新技术的泛在学习体系，正在重构传统课堂教学模式，改变教学与学习方式。智慧化、智能化必将赋能教育体制机制改革创新。我们要紧紧抓住新技术发展机遇，借助新技术探索教育教学规律，探索学生成长规律，探索学校在新环境下的发展规律；应用大数据为学校各层次管理者提供科学决策数据，应用大数据技术促进教育治理体系的现代化；以智慧教育为目标，以教育信息化为手段，构建更加智慧化的教育体系，以智能赋能教育体制机制改革创新。

我国教育信息化已迈入新时代，教育信息化将全面推动教育现代化，构建一个“人人皆学、处处能学、时时可学”的终身化学习型社会。让我们不忘初心、牢记使命，共同书写新时代中国教育信息化的新篇章。

参考文献

[1] 百度百科．教育信息化［EB/OL］. https：//baike. baidu. com/item/%E6%95%99%E8%82%B2%E4%BF%A1%E6%81%AF%E5%8C%96/808779.

[2] 刘晓洪，殷开明．基于数字校园建设成果促进高职教育改革研究［J］. 教育，2017（3）：60.

[3] 中国教师研修网．教育信息化的意义［EB/OL］. http：//i. yanxiu. com/blog/12457978/10728851283732！cateId=0.

[4] 搜狐网．一文读懂广播电视大学的前世今生［EB/OL］. http：//www. sohu. com/a/221764955_99999513.

[5] 人民网．中共党史上的80句口号［EB/OL］. http：//www. people. com. cn/GB/shizheng/252/5303/index. html.

[6] 耿楠，王志军．改革开放40年我国教育技术国际交流发展脉络与前景展望［J］. 现代远程教育研究，2019（1）：18~24.

[7] 百度百科．电化教育［EB/OL］. https：//baike. baidu. com/item/电化教育/810028？fr=aladdin.

[8] 教育部．面向21世纪教育振兴行动计划［EB/OL］. http：//old. moe. gov. cn/publicfiles/business/htmlfiles/moe/s6986/200407/2487. html.

[9] 教育部．中共中央国务院关于深化教育改革，全面推进素质教育的决定［EB/OL］. http：//www. moe. gov. cn/jyb_sjzl/moe_177/tnull_2478. html.

[10] 教育部．教育部关于印发《关于全面推进素质教育、深化中等职业教育教学改革的意见》的通知［EB/OL］. http：//www. moe. gov. cn/s78/A07/zcs _ left/moe _ 953/201001/t20100129_8932. html.

[11] 教育部．教育部关于印发《中小学信息技术课程导纲要（试行）》的通知［EB/OL］. http：//www. moe. gov. cn/s78/A06/jcys_left/zc_jyzb/201001/t20100128_82087. html.

[12] 钟志贤，曾睿，张晓梅．我国教育信息化政策演进（1989~2016）研究［J］. 电化教育研究，2017（9）：14~23.

[13] 唐亮．教育信息化政策40年演进史［EB/OL］. https：//www. jiemodui. com/N/102216. html.

[14] 祝智庭．中国教育信息化十年［J］. 中国电化教育，2011（1）：20~25.

[15] 教育部．国务院关于基础教育改革与发展的决定［EB/OL］. http：//www. moe. gov. cn/jyb_xxgk/moe_1777/moe_1778/201412/t20141217_181775. html.

[16] 教育部．教育部关于印发《中等职业学校设置标准（试行）》的通知［EB/OL］. http：//www. moe. gov. cn/s78/A07/zcs_left/moe_950/201001/t20100129_829. html.

[17] 教育部．卫生部、教育部关于印发中国医学教育改革和发展纲要的通知［EB/OL］. http：//www. moe. gov. cn/jyb_xxgk/gk_gbgg/moe_0/moe_7/moe_19/tnull_295. html.

[18] 教育部．教育部关于印发《全国教育事业第十个五年计划》的通知［EB/OL］. http：//www. moe. gov. cn/srcsite/A03/s7050/200107/t20010726_171641. html.

[19] 我国首次发布国家信息化水平研究报告［N］. 中国教育报，2002-3-20-（1版）.

[20] 教育部．国务院关于深化改革加快发展民族教育的决定［EB/OL］. http：//www. moe. gov. cn/jyb_xxgk/gk_gbgg/moe_0/moe_8/moe_27/tnull_433. html.

[21] 教育部．国务院关于大力推进职业教育改革与发展的决定［EB/OL］. http：//www. moe. gov. cn/jyb_xxgk/gk_gbgg/moe_0/moe_8/moe_28/tnull_491. html.

[22] 刘晓洪，乐明于，郎永祥．高职院校数字化校园建设与实践［J］工业设计，2011（10）：127~128.

[23] 教育部．教育部关于发布《基础教育教学资源元数据规范》的通知［EB/OL］. http：//www. moe. gov. cn/jyb_xxgk/gk_gbgg/moe_0/moe_8/moe_30/tnull_466. html.

[24] 教育部．教育部办公厅关于印发《2003—2004年度教育电子政务建设实施要点》的通知［EB/OL］. http：//www. moe. gov. cn/jyb_xxgk/gk_gbgg/moe_0/moe_9/moe_39/tnull_107. html.

[25] 教育部．教育部等九部门关于加快软件人才培养和队伍建设的若干意见［EB/OL］. http：//www. moe. gov. cn/jyb_xxgk/gk_gbgg/moe_0/moe_1/moe_2/tnull_5395. html.

[26] 教育部．教育部、国家发展改革委、财政部关于实施《农村中小学现代远程教育工程试点工作方案》的通知［EB/OL］. http：//www. moe. gov. cn/srcsite/A06/jcys_jyzb/200312/t20031225_82052. html.

[27] 教育部. 2003—2007年教育振兴行动计划［EB/OL］. http：//www. moe. gov. cn/jyb_sjzl/moe_177/201003/t20100304_2488. html.

[28] 教育部．教育部、国务院西部开发办关于印发《2004—2010年西部地区教育事业发展规划》的通知［EB/OL］. http：//www. moe. gov. cn/s78/A03/ghs_left/moe_1892/s6616/moe_630/201006/t20100602_88628. html.

[29] 教育部．教育部关于启动新一轮民族、贫困地区中小学教师综合素质培训项目暨新课程师资培训计划（2004—2008年）的通知［EB/OL］. http：//www. moe. gov. cn/s78/A09/s7046/201410/t20141021_178093. html.

[30] 教育部．教育部2005年工作要点［EB/OL］. http：//www. moe. gov. cn/jyb_xwfb/

moe_164/201001/t20100128_5090. html.

[31] 教育部．关于启动实施全国中小学教师教育技术能力建设计划的通知[EB/OL]. http：//www. moe. gov. cn/s78/A10/moe_631/tnull_10250. html.

[32] 教育部．教育部商务部关于推动有关高等学校进一步加强电子商务理论与实践研究的通知［EB/OL]. http：//www. moe. gov. cn/s78/A08/s7056/201410/t20141021_ 178163. html.

[33] 教育部．教育部 2006 年工作要点［EB/OL]. http：//www. moe. gov. cn/jyb _ xwfb/moe_164/201001/t20100128_13549. html.

[34] 中国政府网．2006～2020 年国家信息化发展战略［EB/OL]. http：//www. gov. cn/test/2009-09/24/content_1425447. htm.

[35] 教育部．关于做好全国中小学教育信息化成果展示工作的通知［EB/OL]. http：//www. moe. gov. cn/s78/A06/jcys_left/zc_jyzb/201001/t20100128_82077. html.

[36] 教育部．全国教育系统干部培训“十一五”规划［EB/OL]. http：//www. moe. gov. cn/s78/A04/rss_left/zcywlm_gbjyjd/201405/t20140505_168259. html.

[37] 教育部．国家教育事业发展“十一五”规划纲要［EB/OL]. http：//www. moe. gov. cn/jyb_xwfb/gzdt_gzdt/moe_1485/tnull_22875. html.

[38] 教育部. 关于印发《“使用信息技术工具改造课程”项目研讨会会议纪要》的通知［EB/OL]. http：//www. moe. gov. cn/srcsite/A08/s7056/200902/t20090206_124331. html.

[39] 教育部．教育部关于印发《中等职业学校设置标准》的通知［EB/OL]. http：//www. moe. gov. cn/srcsite/A07/moe_950/201007/t20100706_96545. html.

[40] 教育部. 国家中长期教育改革和发展规划纲要（2010—2020 年）［EB/OL]. http：//old. moe. gov. cn/publicfiles/business/htmlfiles/moe/info _ list/201407/xxgk _ 171904. html?authkey=gwbux.

[41] 教育部．教育部办公厅关于开展全国教育信息化情况调查的通知[EB/OL]. http：//www. moe. gov. cn/srcsite/A16/s3342/201011/t20101108_111212. html.

[42] 中国互联网络信息中心．第 27 次中国互联网络发展状况统计报告[EB/OL]. http：//www. cnnic. net. cn/hlwfzyj/hlwxzbg/201101/P020120709345289031187. pdf.

[43] 刘培俊．关于职业教育信息化需求、供给与发展的生态循环［J]. 中国教育信息化，2009（15）：20～21.

[44] 教育部．中国教育概况——2016 年全国教育事业发展情况［EB/OL]. http：//www. moe. gov. cn/jyb_sjzl/s5990/201711/t20171110_318862. html.

[45] 教育部．中国教育概况——2017 年全国教育事业发展情况［EB/OL]. http：//www. moe. gov. cn/jyb_sjzl/s5990/201711/t20171110_318862. html.

[46] 推进中职教学资源信息化建设，全国中职数字化学习资源平台开通［N］. 中国教育报，2011-1-11（1版）.

[47] 教育部. 教育部关于印发《教育信息化十年发展规划（2011—2020年）》的通知［EB/OL］. http://www.moe.gov.cn/srcsite/A16/s3342/201203/t20120313_133322.html.

[48] 教育部. 关于印发下一代互联网"十二五"发展建设的意见的通知［EB/OL］. http://www.moe.gov.cn/jyb_xxgk/moe_1777/moe_1779/201204/t20120406_133697.html.

[49] 教育部. 教育部关于加快推进职业教育信息化发展的意见［EB/OL］. http://www.moe.gov.cn/srcsite/A07/zcs_zhgg/201205/t20120504_136506.html.

[50] 教育部. 教育部、国家发展改革委、财政部关于印发《中西部高等教育振兴计划（2012—2020年）》的通知［EB/OL］. http://www.moe.gov.cn/srcsite/A08/s7056/201302/t20130228_148468.html.

[51] 教育部. 教育部、财政部、人力资源社会保障部关于进一步加强教育管理信息化工作的通知［EB/OL］. http://www.moe.gov.cn/srcsite/A16/s3342/201307/t20130722_154690.html.

[52] 教育部. 教育部关于实施全国中小学教师信息技术应用能力提升工程的意见［EB/OL］. http://www.moe.gov.cn/srcsite/A10/s7034/201310/t20131028_159042.html.

[53] 教育部. 教育部国家发展改革委财政部关于全面改善贫困地区义务教育薄弱学校基本办学条件的意见［EB/OL］. http://www.moe.gov.cn/srcsite/A06/s3321/201312/t20131231_161635.html.

[54] 教育部. 教育部办公厅关于印发《2014年教育信息化工作要点》的通知［EB/OL］. http://www.moe.gov.cn/srcsite/A16/s7062/201403/t20140314_165870.html.

[55] 中国教育信息化网. 中央电化教育馆2014年教育资源开发、应用和服务重点工作［EB/OL］. http://www.ict.edu.cn/news/n2/n20140318_9389.shtml.

[56] 教育部. 国务院关于加快发展现代职业教育的决定［EB/OL］. http://www.moe.gov.cn/jyb_xxgk/moe_1777/moe_1778/201406/t20140622_170691.html.

[57] 教育部. 教育部关于加强教育行业网络与信息安全工作的指导意见［EB/OL］. http://www.moe.gov.cn/srcsite/A16/s3342/201801/t20180129_325876.html.

[58] 教育部. 教育部财政部国家发展改革委工业和信息化部中国人民银行关于印发《构建利用信息化手段扩大优质教育资源覆盖面有效机制的实施方案》的通知［EB/OL］. http://www.moe.gov.cn/srcsite/A16/s3342/201411/t20141124_179124.html.

[59] 教育部. 教育部关于发布《职业院校数字校园建设规范》的通知［EB/OL］. http://www.moe.gov.cn/srcsite/A07/zcs_zhgg/201501/t20150119_189492.html.

[60] 教育部. 教育部关于加强高等学校在线开放课程建设应用与管理的意见 [EB/OL]. http://www.moe.gov.cn/srcsite/A08/s7056/201504/t20150416_189454.html.

[61] 教育部. 教育部办公厅关于开展2015年国家级虚拟仿真实验教学中心建设工作的通知 [EB/OL]. http://www.moe.gov.cn/srcsite/A08/s7945/s7946/201506/t20150618_190671.html.

[62] 教育部. 教育部关于深化职业教育教学改革全面提高人才培养质量的若干意见 [EB/OL]. http://www.moe.gov.cn/srcsite/A07/moe_953/201508/t20150817_200583.html.

[63] 教育部. 教育部关于印发《职业院校管理水平提升行动计划(2015—2018年)》的通知 [EB/OL]. http://www.moe.gov.cn/srcsite/A07/moe_950/201509/t20150917_208794.html.

[64] 教育部. 2015年度教育信息化十大新闻评出 [EB/OL]. http://www.moe.gov.cn/s78/A16/s5886/s7822/201603/t20160307_232258.html.

[65] 教育部. 教育部办公厅关于征求对《关于"十三五"期间全面深入推进教育信息化工作的指导意见(征求意见稿)》意见的通知 [EB/OL]. http://www.moe.gov.cn/srcsite/A16/s3342/201509/t20150907_206045.html.

[66] 教育部. 教育部办公厅关于印发《2016年教育信息化工作要点》的通知 [EB/OL]. http://www.moe.gov.cn/srcsite/A16/s3342/201602/t20160219_229804.html.

[67] 教育部. 教育部关于印发《教育信息化"十三五"规划》的通知 [EB/OL]. http://www.moe.gov.cn/srcsite/A16/s3342/201606/t20160622_269367.html.

[68] 教育部. 教育部办公厅关于成立教育管理信息化专家组的通知 [EB/OL]. http://www.moe.gov.cn/srcsite/A16/s3342/201612/t20161230_293511.html.

[69] 教育部. 国家网络空间安全战略 [EB/OL]. http://www.moe.gov.cn/s78/A16/s5886/xtp_left/s5895/201701/t20170103_293759.html.

[70] 教育部. 教育部办公厅关于印发《2017年教育信息化工作要点》的通知 [EB/OL]. http://www.moe.gov.cn/srcsite/A16/s3342/201702/t20170221_296857.html.

[71] 教育部. 教育部办公厅关于2017~2020年开展示范性虚拟仿真实验教学项目建设的通知 [EB/OL]. http://www.moe.gov.cn/srcsite/A08/s7945/s7946/201707/t20170721_309819.html.

[72] 教育部. 教育部关于进一步推进职业教育信息化发展的指导意见 [EB/OL]. http://www.moe.gov.cn/srcsite/A07/zcs_zhgg/201709/t20170911_314171.html.

[73] 教育部. 2018年12月教育信息化和网络安全工作月报 [EB/OL]. http://www.moe.gov.cn/s78/A16/s5886/s6381/201901/t20190125_368123.html.

[74] 教育部. 教育部2018年工作要点 [EB/OL]. http://www.moe.gov.cn/jyb_xwfb/moe_164/201807/t20180716_343155.html.

[75] 教育部. 教育部办公厅关于印发《2018 年教育信息化和网络安全工作要点》的通知 [EB/OL]. http://www.moe.gov.cn/srcsite/A16/s3342/201803/t20180313_329823.html.

[76] 教育部. 教育部等五部门关于印发《教师教育振兴行动计划(2018—2022 年)》的通知 [EB/OL]. http://www.moe.gov.cn/srcsite/A10/s7034/201803/t20180323_331063.html.

[77] 教育部. 教育部关于印发《教育信息化 2.0 行动计划》的通知 [EB/OL]. http://www.moe.gov.cn/srcsite/A16/s3342/201804/t20180425_334188.html.

[78] 教育部. 教育部财政部国家发展改革委印发《关于高等学校加快"双一流"建设的指导意见》的通知 [EB/OL]. http://www.moe.gov.cn/srcsite/A22/moe_843/201808/t20180823_345987.html.

[79] 教育部. 教育部关于完善教育标准化工作的指导意见 [EB/OL]. http://www.moe.gov.cn/srcsite/A02/s7049/201811/t20181126_361499.html.

[80] 教育部. 教育部关于加强网络学习空间建设与应用的指导意见 [EB/OL]. http://www.moe.gov.cn/srcsite/A16/s3342/201901/t20190124_367996.html.

[81] 教育部. 2018 年 12 月教育信息化和网络安全工作月报 [EB/OL]. http://www.moe.gov.cn/s78/A16/s5886/s6381/201901/t20190125_368123.html.

[82] 人民网. 教育部副部长杜占元:以教育信息化全面推动教育现代化 [EB/OL]. http://edu.people.com.cn/n1/2017/1023/c1053-29604314.html.

[83] 教育部. 教育部关于印发《全国学校艺术教育发展规划(2001—2010 年)的通知》[EB/OL]. http://www.moe.gov.cn/srcsite/A17/moe_794/moe_795/200205/t20020513_80694.html.

[84] 教育部. 教育部办公厅关于印发"教育管理软件认证管理办法(试行)"的通知 [EB/OL]. http://www.moe.gov.cn/jyb_xxgk/gk_gbgg/moe_0/moe_9/moe_36/tnull_470.html.

附表 教育信息化相关政策文件一览表

发布年份	发布部门	文件名称	内容摘抄
1989	国家教委	《国家教育管理信息系统总体规划纲要》	建立以计算机为主要手段，利用现代信息技术和科学管理办法，对教育信息和与教育密切相关的社会、经济信息进行收集、处理、分析和传播的“国家教育管理信息系统”
1996	国家教委	《全国教育事业“九五”计划和2010年发展规划》	2010年基本建成比较配套的教育法规体系和比较完备的教育决策咨询系统、信息系统、督导评估系统，逐步形成自我发展和自我约束的运行机制
1998	教育部	《面向21世纪教育振兴行动计划》	现代信息技术在教育中广泛应用并导致教育系统发生深刻的变化，终身教育将是教育发展与社会进步的共同要求。实施现代远程教育工程，形成开放式教育网络，构建终身学习体系
1999	教育部	《关于进一步加强中等职业学校信息化建设的通知》	各地教育行政部门要切实做好中等职业学校信息化建设的规划、指导工作，通过骨干学校的应用示范，推动此项工作的全面展开
1999	中共中央 国务院	《关于深化教育改革全面推进素质教育的决定》	大力提高教育技术手段的现代化水平和教育信息化程度
2000	教育部	《关于全面推进素质教育、深化中等职业教育教学改革的意见》	大力提高教育技术手段的现代化水平和信息化程度，加快中等职业教育的教育教学信息网络化建设，积极发展现代远程职业教育

续附表

发布年份	发布部门	文件名称	内容摘抄
2000	教育部	《关于在中小学实施“校校通”工程的通知》	使全国90%左右的独立建制的中小学校能够上网，使中小学师生都能共享网上教育资源，提高中小学的教育教学质量
2000	教育部	《中小学信息技术课程导纲要（试行）》	小学阶段、初中阶段、高中阶段的信息化教学内容安排要有各自明确的目标，要体现出各阶段的侧重点，要注意培养学生利用信息技术对其他课程进行学习和探讨的能力
2001	国务院	《关于基础教育改革与发展的决定》	大力普及信息技术教育，以信息化带动教育现代化
2001	教育部	《中等职业学校设置标准（试行）》	要具备能够应用现代教育技术手段，实施现代远程职业教育教学与管理信息化所需的软、硬件设施、设备
2001	卫生部 教育部	《中国医学教育改革和发展纲要》	积极利用教育信息化提供的新的知识传播途径和方式，加强校园网或局域网络的建设，培养学生的自学能力、获取知识的能力和创新能力
2001	教育部	《全国教育事业第十个五年计划》	高度重视信息技术对教育产生的革命性影响，大力推进教育信息化，已经成为当今世界教育发展的主流；推动各级各类学校普及计算机及网络知识教育，加强各层次计算机软件人才的培养和培训

续附表

发布年份	发布部门	文件名称	内容摘抄
2001	教育部	《关于中小学校园网建设的指导意见》	对中小学校园网建设存在的问题进行了规范，并对中小学校园网建设的基本原则、基本要求、建设内容等提出要求
2002	教育部	关于印发《全国学校艺术教育发展规划（2001—2010年）的通知》	大力提高艺术教育现代化水平和信息化程度，促进信息技术和艺术课程的整合，拓展教师和学生获取艺术及相关信息的手段及选择的范围，是大幅度提高教育质量，在艺术教育领域全面实施素质教育的必要条件
2002	国务院	《关于深化改革，加快发展民族教育的决定》	加大对民族教育的投入，“十五”期间及到2010年，开展“教育信息化工程”；要加强民族中小学语言教学室或计算机室的建设，加快普及信息技术教育的步伐
2002	国务院	《关于大力推进职业教育改革与发展的决定》	积极发展现代远程职业教育，开发职业教育资源库和多媒体教育软件，为职业学校和学生提供优质教育资源
2002	教育部	《教育信息化“十五”发展规划（纲要）》	教育信息化是国家信息化、国民经济和社会发展的客观要求；教育信息化是实现教育现代化和跨越式发展的基础

续附表

发布年份	发布部门	文件名称	内容摘抄
2002	教育部	《教育管理信息化标准》	引导我国教育管理信息化工作向网络化、标准化、规范化的方向健康发展，加速我国教育信息化的进程
2002	教育部	《基础教育教学资源元数据规范》	进一步加快教育信息化和现代远程教育工程的发展，规范教育信息技术和现代远程教育教学资源的开发工作，实现优秀教育资源的整合和共享
2003	教育部	《职业技术学校德育课贯彻十六大精神教学指导纲要》	信息化是我国加快实现工业化和现代化的必然选择。坚持以信息化带动工业化，以工业化促进信息化
2003	教育部	《教育管理软件认证管理办法（试行）》	对教育管理软件的认证，主要对软件内容是否符合教育管理信息化标准进行检测，并检测软件的主要功能和技术性能
2003	国务院	《关于进一步加强农村教育工作的决定》	实施农村中小学现代远程教育工程，促进城乡优质教育资源共享，提高农村教育质量和效益
2003	教育部	《2003—2004年度教育电子政务建设实施要点》	继续扩大电子办公与信息交换系统的应用范围，提高教育行政办公系统的运行稳定性和安全可靠性，为进一步全面推进教育系统电子政务建设探索和积累经验

续附表

发布年份	发布部门	文件名称	内容摘抄
2003	教育部 等九部门	《关于加快软件人才培养和队伍建设的若干意见》	力争通过5年左右的努力，使我国软件人才队伍的规模、结构和水平基本适应国家软件产业发展的实际需求，为我国软件产业的振兴提供坚实的人才保障
2003	教育部 国家发改委 财政部	《农村中小学现代远程教育工程试点工作方案》	以运用信息化的手段和方式，积极引入优质教育资源，提高农村中小学教育教学质量
2004	教育部	《2003—2007年教育振兴行动计划》	加快教育信息化基础设施、教育信息资源建设和人才培养，全面提高现代信息技术在教育系统的应用水平
2004	教育部	《关于开展教育电子政务试点工程建设的通知》	进一步推动电子办公和文件信息交换等系统的应用和教育政务信息资源的开发利用，逐步建立覆盖全国的教育电子政务网络体系
2004	国务院 教育部	《2004—2010年西部地区教育事业发展规划》	加强符合西部教育信息化需要的教育信息化的标准建设和教育、教学资源开发。加强对信息技术教育师资和教育信息化管理人员的培训。建立健全教育信息化运行保障机制
2004	教育部	《关于启动新一轮民族、贫困地区中小学教师综合素质培训项目暨新课程师资培训计划（2004—2008年）》	加强运用信息技术、远程网络教育的教师培训；教师教育必须加快信息技术的发展步伐，加强广大教师信息技术的培训；充分运用教育信息技术为手段，有效开展教师培训工作

续附表

发布年份	发布部门	文件名称	内容摘抄
2004	教育部	《中小学教师教育技术能力标准（试行）》	认识到教育技术的有效应用对于推进教育信息化、促进教育改革和实施国家课程标准的重要作用
2005	教育部	教育部2005年工作要点	大力推进农村中小学信息化建设；加速教育信息化建设；加强高等学校校园网建设；加强各级各类教育信息资源的开发
2005	教育部	《全国中小学教师教育技术能力建设计划》	组织开展以信息技术与学科教学有效整合为主要内容的教育技术培训，全面提高广大教师实施素质教育的能力水平
2005	教育部 商务部	《关于推动有关高等学校进一步加强电子商务理论与实践研究的通知》	要求加强对电子商务教师研究能力的培养，组织教师定期参加师资培训，创造条件引导教师参加科研，促进电子商务专业师资队伍整体研究能力的提高
2005	国务院	《关于大力发展职业教育的决定》	加强职业教育信息化建设，推进现代教育技术在教育教学中的应用
2005	教育部	教育部2006年工作要点	加速推进教育信息化，提高应用水平。继续加强和普及信息化基础设施，着力抓好下一代互联网等重大项目建设。完善和推广教育信息化国家标准体系

续附表

发布年份	发布部门	文件名称	内容摘抄
2006	中共中央国务院	《2006—2020 年国家信息化发展战略》	综合信息基础设施基本普及，信息技术自主创新能力显著增强，信息产业结构全面优化，国家信息安全保障水平大幅提高，国民经济和社会信息化取得明显成效，新型工业化发展模式初步确立，国家信息化发展的制度环境和政策体系基本完善，国民信息技术应用能力显著提高，为迈向信息社会奠定坚实基础
2006	教育部	《关于做好全国中小学教育信息化成果展示工作的通知》	全面反映 2000 年全国中小学信息技术教育工作会以来，本地区中小学教育信息化和农村中小学现代远程教育工程在基础设施建设、资源建设、教师培训，尤其是教育教学应用等方面的成就
2006	教育部	《关于成立教育信息化工作办公室的通知》	负责统筹协调、统一管理各级各类教育信息化建设的共性问题；负责研究制定宏观规划和相关政策，推进教育电子政务、基础设施建设、资源整合共享、网络安全保障、标准化、信息技术研发与应用、信息化人才培养；负责重大项目审批与管理等相关工作
2007	教育部	《全国教育系统干部培训“十一五”规划》	大力推进信息化建设，促进优质培训资源共享，积极开发干部远程培训教学资源，加强数字图书信息资源建设，充分利用现代信息技术开展远程培训，努力探索干部培训的新模式和新途径

续附表

发布年份	发布部门	文件名称	内容摘抄
2007	教育部	《国家教育事业发展“十一五”规划纲要》	加快教育信息化步伐，以教育信息化带动教育现代化。加快教育管理信息化，提高教育管理水平。努力构建教育信息化公共服务体系。继续加强教育信息化基础设施建设
2007	教育部	《中小学学生学籍信息化管理基本信息规范》	定义了中小学学生学籍管理中涉及入学、转学、借读、休学、复学、升级、毕业、综合素质评价、学业考试、奖励、处分等管理工作所需的基本信息，是实施全国中小学学生学籍信息化管理工作的重要内容
2009	教育部	《使用信息技术工具改造课程项目研讨会会议纪要》	充分利用信息化技术，推动优质资源共享是提高教学质量的有效手段
2010	教育部	《中等职业学校设置标准》	要具备能够应用现代教育技术手段，实施现代远程职业教育及学校管理信息化所需的软、硬件设施、设备
2010	国务院	《国家中长期教育改革和发展规划纲要（2010—2020年）》	加快教育信息基础设施建设；加强优质教育资源开发与应用；构建国家教育管理信息系统；信息技术对教育发展具有革命性影响
2010	教育部	《关于开展全国教育信息化情况调查的通知》	对全国教育信息化情况进行初步调查，以全面了解各地方、各部门及各直属高校的教育信息化现状
2011	教育部	教育信息化工作座谈会暨2011年全国电化教育馆馆长会议	研讨本年度电教系统协同落实教育信息化建设与应用的重点及示范项目

续附表

发布年份	发布部门	文件名称	内容摘抄
2011	教育部	《教育管理信息（系列）标准（征求意见稿）》	为落实《国家中长期教育改革和发展规划纲要（2010—2020年）》，加快教育信息化进程的要求，保障教育信息化健康有序发展，实现数据互通、资源共享，教育部决定并于2010年着手研究制定教育信息化相关标准
2012	教育部	《关于开展教育信息化试点工作的通知》	在全国1600所大中小学校中开展教育信息化试点
2012	教育部	《教育信息化十年发展规划（2011—2020年）》	基本建成人人可享有优质教育资源的信息化学习环境，基本形成学习型社会的信息化支撑服务体系，基本实现所有地区和各级各类学校宽带网络的全面覆盖，教育管理信息化水平显著提高，信息技术与教育融合发展的水平显著提升
2012	国家发改委、教育部、科技部、中科院、中国工程院、国家自然科学基金会	《下一代互联网“十二五”发展建设的意见》	我国将加快推进经济结构调整和发展方式转变，加快培育和发展战略性新兴产业，推动三网融合，为发展下一代互联网提供了新的战略机遇

续附表

发布年份	发布部门	文件名称	内容摘抄
2012	教育部	《关于加快推进职业教育信息化发展的意见》	切实推进职业教育广泛、深入和有效应用信息技术，不断提升职业教育电子政务能力、数字校园水平和人才信息素养，全面加强信息技术支撑职业教育改革发展的能力
2012	教育部、国家发改委、财政部、工业和信息化部等九部委	《关于加快推进教育信息化当前几项重点工作的通知》	中央财政将通过相关经费渠道进一步加大教育信息化建设投入，保证学校购买教育信息化服务的经常性支出
2012	教育部	《关于成立教育部职业院校信息化教学指导委员会的通知》	进一步推动职业教育教学改革与创新，提高教师教育技术应用能力和信息化教学水平，促进信息技术在教育教学中的广泛应用
2013	教育部 国家发改委 财政部	关于印发《中西部高等教育振兴计划（2012—2020年）》的通知	加强信息化公共服务平台建设。加强中西部高校信息技术基础设施建设，充分利用互联网、广播电视网、移动通信网、卫星通信等载体发展现代远程教育。加强数字化教室、数字化图书馆等信息化条件建设，将东部高校和中西部中央部委属高校的优质教学资源输送到中西部地方高校

续附表

发布年份	发布部门	文件名称	内容摘抄
2013	中央电教馆	《国家教育资源公共服务平台规模化应用试点实施方案》	实现“资源班班通”和“空间人人通”，推动信息技术与教育教学的深度融合，形成网络条件下新型的教学方法和模式
2013	教育部、财政部、人力资源社会保障部	《关于进一步加强教育管理信息化工作的通知》	构建“两级建设、五级应用”体系是教育管理信息化工作的关键
2013	教育部	《国家教育资源公共服务平台教育资源审查办法（暂行）》	教育资源应符合国家的教育方针和相关法律法规，符合相关的技术标准和规范，符合教育教学的相关要求，鼓励社会各方面力量积极参与公共服务平台的建设与应用，推动教育资源共建共享
2013	教育部	《关于实施全国中小学教师信息技术应用能力提升工程的意见》	建立教师信息技术应用能力标准体系，完善顶层设计；整合相关项目和资源，采取符合信息技术特点的新模式。建立教师主动应用机制，推动每个教师在课堂教学和日常工作中有效应用信息技术，促进信息技术与教育教学融合取得新突破

续附表

发布年份	发布部门	文件名称	内容摘抄
2013	教育部 国家发改委财政部	《关于全面改善贫困地区义务教育薄弱学校基本办学条件的意见》	要逐步提升农村学校信息化基础设施与教育信息化应用水平，加强教师信息技术应用能力培训，推进信息技术在教育教学中的深入应用，使农村地区师生便捷共享优质数字教育资源
2014	教育部	《2014 年教育信息化工作要点》	加快缩小区域、城乡、校际间信息化基础设施差距，充分发挥骨干企业和学校、教师的作用，探索建立系统推进基础性资源和个性化资源开发应用的新模式
2014	中央 电教馆	《2014 年教育资源开发、应用和服务重点工作》	2014 年国家教育资源公共服务平台要覆盖 9500 所学校、42 万名教师、640 万名学生。要开展资源企业资质审查、资源评审、用户应用评价，建立资源企业和资源内容认证制度，建立国家教育资源公共服务平台优质资源年度推荐和典藏制度
2014	国务院	《关于加快发展现代职业教育的决定》	构建利用信息化手段扩大优质教育资源覆盖面的有效机制，推进职业教育资源跨区域、跨行业共建共享，逐步实现所有专业的优质数字教育资源全覆盖
2014	教育部	《关于开展 2014 年度“一师一优课、一课一名师”活动的通知》	力争使每位中小学教师能够利用信息技术至少上好一堂课，使每堂课至少有一位优秀教师能够利用信息技术讲授

续附表

发布年份	发布部门	文件名称	内容摘抄
2014	教育部	《关于加强教育行业网络与信息安全工作的指导意见》	全面提高教育行业网络与信息安全意识，建立健全教育网络与信息安全工作的组织体系、管理规章和责任制度，落实国家信息安全等级保护制度
2014	教育部、财政部、国家发改委、工业和信息化部、中国人民银行	《构建利用信息化手段扩大优质教育资源覆盖面有效机制的实施方案》	到2015年，全国基本实现各级各类学校互联网全覆盖，其中宽带接入比例达50%以上；到2017年，全国基本实现各级各类学校宽带网络接入；到2020年建成与国家教育现代化发展目标相适应的教育信息化体系
2015	教育部	《职业院校数字校园建设规范》	要形成共建共享机制，将数字校园建设作为推动职业教育信息化工作的重要抓手，吸引多方力量参与，加强互联互通，解决好“信息孤岛”问题，有效提升信息使用效率与效益
2015	教育部	《关于加强高等学校在线开放课程建设应用与管理的意见》	建设一批以大规模在线开放课程为代表、课程应用与教学服务相融通的优质在线开放课程；认定一批国家精品在线开放课程；建设在线开放课程公共服务平台并促进在线开放课程广泛应用

续附表

发布年份	发布部门	文件名称	内容摘抄
2015	教育部	《关于开展2015年国家级虚拟仿真实验教学中心建设工作的通知》	虚拟仿真实验教学依托虚拟现实、多媒体、人机交互、数据库和网络通讯等技术，构建高度仿真的虚拟实验环境和实验对象，学生在虚拟环境中开展实验，达到教学大纲所要求的教学目的
2015	教育部	《关于深化职业教育教学改革全面提高人才培养质量的若干意见》	提升信息化教学能力，广泛开展教师信息化教学能力提升培训，不断提高教师的信息素养，继续办好信息化教学大赛，推进信息技术在教学中的广泛应用
2015	教育部	《职业院校管理水平提升行动计划（2015—2018年）》	加快信息化技术系统建设，建立健全信息化管理机制，增强信息化管理素养和能力，促进信息技术与教育教学的深度融合
2015	国务院	《促进大数据发展行动纲要》	完善教育管理公共服务平台，推动教育基础数据的伴随式收集和全国互通共享。探索发挥大数据对变革教育方式、促进教育公平、提升教育质量的支撑作用
2015	教育部	《关于“十三五”期间全面深入推进教育信息化工作的指导意见（征求意见稿）》	到2020年，基本建成“人人皆学、处处能学、时时可学”，与国家教育现代化发展目标相适应的教育信息化体系

续附表

发布年份	发布部门	文件名称	内容摘抄
2015	第十二届全国人大常委会第十八次会议	《关于修改〈中华人民共和国教育法〉的决定》	将“国家推进教育信息化，加快教育信息基础设施建设，利用信息技术促进优质教育资源普及共享，提高教育教学水平和教育管理水平”写入《中华人民共和国教育法》
2016	教育部	《教育信息化项目管理暂行办法》	信息化项目以促进信息技术与教育教学深度融合为核心理念，以应用驱动、机制创新为基本方针
2016	教育部	《教育信息化“十三五”规划》	基本实现教育信息化对学生全面发展的促进作用，对深化教育领域综合改革的支撑作用和对教育创新发展、均衡发展、优质发展的提升作用
2017	教育部	《教育信息化专项—教育业务管理信息系统子项目管理细则（试行）》	规范中央财政预算资金申请与使用，明晰信息系统及数据管理与安全权责，提高服务教育管理核心业务的水平
2017	教育部	《关于2017—2020年开展示范性虚拟仿真实验教学项目建设的通知》	建设示范性虚拟仿真实验教学项目，推动高校积极探索线上线下教学相结合的个性化、智能化、泛在化实验教学新模式
2017	教育部	《关于进一步推进职业教育信息化发展的指导意见》	基础能力明显改善，落实“三通两平台”建设要求，90%以上的职业院校建成不低于《职业院校数字校园建设规范》要求的数字校园

续附表

发布年份	发布部门	文件名称	内容摘抄
2018	教育部	《2018年教育信息化和网络安全工作要点》	加强对教育系统网络安全和信息化工作的统筹协调，完善顶层设计，出台教育信息化2.0行动计划
2018	教育部	《教师教育振兴行动计划（2018—2022年）》	开展“互联网+教师教育”创新行动。充分利用云计算、大数据、虚拟现实、人工智能等新技术，推进教师教育信息化教学服务平台建设和应用，推动以自主、合作、探究为主要特征的教学方式变革
2018	教育部	《教育信息化2.0行动计划》	通过实施教育信息化2.0行动计划，到2022年基本实现“三全两高一大”的发展目标
2018	教育部	《中小学数字校园建设规范（试行）》	数字校园建设应坚持“深化应用，整合创新”的基本思想，采用云服务模式统一规划、分步实施，以促进区域教育的均衡发展和学校教育的质量提升
2018	教育部	《开展国家虚拟仿真实验教学项目建设工作》	推进现代信息技术融入实验教学项目、拓展实验教学内容广度和深度、延伸实验教学时间和空间、提升实验教学质量和水平
2018	教育部 财政部 国家发改委	《关于高等学校加快“双一流”建设的指导意见》	推动信息技术、智能技术与教育教学深度融合，构建“互联网+”条件下的人才培养新模式，推进信息化实践教学，充分利用现代信息技术实现优质教学资源开放共享，全面提升师生信息素养

续附表

发布年份	发布部门	文件名称	内容摘抄
2018	教育部	《教育部关于完善教育标准化工作的指导意见》	研制教育信息化设施与设备标准、软件与数据标准、运行维护与技术服务标准、教育网络安全标准、教育信息化业务标准、在线教育和数字教育资源标准、教师信息技术应用能力标准、学生信息素养评价标准
2018	教育部	《关于加强网络学习空间建设与应用的指导意见》	整体推进网络学习空间建设；发挥空间主渠道作用，优化教育资源配置。通过构建名师工作室、虚拟工厂、学习共同体等方式，开展跨班级、跨学校、跨区域的开放式共享服务